福祉政策と権利保障

社会福祉学と法律学との接点

秋元美世 著
Akimoto Miyo

法律文化社

はしがき

　権利の問題は、あらためて言うまでもないことだが、社会福祉においてもきわめて重要な問題の1つとして取り扱われてきた。それにはいろいろな理由があるのだろうが、権利として主張することができるならば、その主張を正当でより鞏固に根拠付けられたものとすることができるという権利の機能がもつ特徴が、なんといっても大きいからだといえよう。つまり、ある人が一定の事柄について権利を有するということは、その者がその事柄を受け取る権限（entitlement）を有していて、それ以上の議論を必要とせずにそれがその者のものである、ということを意味することになるのである。このことは、現実の福祉サービスにおいて、「恩恵」とか「慈善」といった意識をなかなか払拭し得ない部分が残っていることを考えあわせると、重要な意味をもつことになる。つまり、恩恵とか慈善による給付というのは、提供する側の考え次第で行われるものであり、したがって、懇願する（要求する）側は、提供者の意志に完全に従属することになり、仮に受け取ることができなかったとしても、異議を申し立てることはできないし、他方、受け取ることができた場合には、恩義を感じなければならない。したがって慈善においては、与える者と受給する者との関係は、本質的に不平等なものであって、慈善を受け取ることは、人間としての尊厳を失うことに往々にしてつながりかねない状況をもたらすのである。これに対して、権利として受給する場合には、予期されているとおりに受け取るだけであり、不必要な恩義を感じる必要もなく、尊厳を失うようなことは含意されていない。

　このように、福祉を権利の問題として位置づけることは、「恩恵から権利へ」というフレーズがしばしば用いられていることからも分かるように、重要な意義を有しているわけだが、しかし、福祉と権利とのこのようなつながりが、ある意味で当たり前でありすぎるためなのか、逆に、福祉において権利を具体化

していくためのより立ち入った検討が、実は必ずしも十分になされてこなかった面があるようにも思われるのである。例えば、福祉の権利に関しては、理念的なレベルでは誰もがその重要性を認める一方で、具体的なレベル（現実の福祉サービスの利用場面）では、その権利性の脆弱性がしばしば指摘されている。つまり、一般的な意味での福祉の権利の重要性は誰もが認めているが、しかしそうした重要な福祉の権利をいかにして具体化していくかという観点からの議論——換言するなら福祉の権利構造の特性とは何かという問題にまで踏み込んだ議論——が、まだまだ十分ではないということなのである。

では、こうした面での検討を進めていくためにはどうすればよいのだろうか。私は、この点で重要な意味をもつのが、権利の問題をより広い文脈において、すなわち人々が生活において直面している福祉問題やそれに対応する福祉政策という文脈において考えるという視点なのではないかと考えている。

確かに一般的には、福祉の権利を基礎づける、あるいは根拠づけるという問題は、法律学に期待されている事柄であろうし、法律学の専門性がまさに発揮される領域の問題だと言うことができよう。それはその通りなのだが、しかしここで確認しておくべきことは、実はそうした作業は——少なくとも福祉の権利にかかわっては——法律学の内部だけで自己完結的に行いうるものではない、ということなのである。もともと権利という観念は、政治的・社会的なひろがりをもった観念であり、決して法律家の独占物というわけではない。このことは、環境権、日照権、消費者の権利、患者の権利、知る権利、嫌煙権などといった政治的・社会的ひろがりをもったいわゆる「新しい権利」が、つぎつぎと提唱されている状況をみても明らかであろう。福祉の権利の特性というのも、まさにそうした社会的な広がりということにかかわっているのである。言い換えるならば、社会福祉において権利の問題というのは、実定法の解釈の問題であると同時に、現実の福祉政策との対応関係や現実の福祉問題に対する認識を抜きに論じることのできない問題なのである。本書が、副題として「社会福祉学と法律学との接点」とつけたのもこのことを踏まえてのことである。

福祉の権利が、理念のレベルにとどまらず現実の福祉サービスの利用場面に

おいてもその本来の役割を果たしていくためには、そうした認識を踏まえた権利論として再構成される必要がある。本書では、福祉の権利構造を、そのような観点からとらえなおし、福祉の権利の特性に見合った権利保障の仕組みについて考察を加えていくことにしたい。

　本書は、4つの部から構成されている。第Ⅰ部「福祉の権利と裁量─理論的検討─」では、福祉の権利の特性とは何か、また、そうした特性を前提として権利保障のあり方を考えるとするならばどのようなことがポイントとなるかについて、英米における議論を踏まえながら理論的な検討を行った（第1章、第2章、補論）。第Ⅱ部「措置から契約へ─新しい利用手続と公的責任─」では、介護保険などの福祉サービスに関する新しい利用手続の仕組みを、第Ⅰ部で論じた福祉の権利の特性や権利保障の枠組みということからみた場合、どのように位置づけることができるかを論じた。またそうした新しい利用手続の下で公的責任の問題を考える場合の視点についても検討を加えた（第3章、第4章、第5章）。第Ⅲ部「裁量の手続的統制─手続的公正と参加─」では、手続的公正にかかわるラショニングの仕組みや行政手続、さらに参加の仕組みを取り上げ、それらの仕組みが権利保障の手だてとしてどのような意義と課題を有しているかについて論じた（第6章、第7章、第8章）。最後に第Ⅳ部「社会福祉と権利─権利保障の可能性─」では、新しい権利保障概念としての「柔らかい権利」について考察した上で、それまでの議論を全体的に踏まえながら、あらためて福祉における権利保障のあり方とその枠組みについて理論的な検討を加えた（9章、10章）。

　　　2006年12月　白山の研究室にて

　　　　　　　　　　　　　　　　　　　　　　　　　　秋　元　美　世

目　次

はしがき

Ⅰ　福祉の権利と裁量—理論的検討—

第1章　福祉の権利と裁量―――――――――――――3
1　公的扶助制度とリーガリズムの病理　3
2　社会福祉における権利と裁量　4
3　福祉権運動とエンタイトルメント論　7

第2章　権利保障のためのフレームワーク――――17
　　　　―福祉行政と裁量統制論―
1　福祉行政と裁量統制　17
2　D. J. ガリガンの議論　18
3　T. キャンベルの議論　23
4　裁量統制による権利保障　26

補論　福祉権運動後の福祉権理論の動向――――33
　　　　―アメリカにおける福祉受給権と福祉裁判―
1　はじめに　33
2　福祉受給権とエンタイトルメント・モデル　34
3　マネージリアル・フォーマリズム・モデル　38
4　むすび　47

Ⅱ 措置から契約へ ―新しい利用手続と公的責任―

第3章 福祉サービスの新しい利用手続―――53
―契約化と基準化アプローチ―

1 措置から契約へ 53
2 福祉サービスと利用手続―その種類について 54
3 福祉サービスの利用手続と権利性 59
4 「基準化」と福祉の権利 63
5 若干の検討課題 67
6 おわりに 72

第4章 保育所措置制度の見直しをめぐって―――76

1 保育所措置制度の論点 77
2 児童福祉法の改正と措置制度改革 81
3 いくつかの検討課題 86

第5章 社会福祉「基礎構造改革」と公的責任―――90
―行政責任の問題をめぐって―

1 基礎構造改革と「公的責任」概念 90
2 行政責任の構造 94
3 任務的責任 95
4 応答的責任 98
5 弁明的責任 100
6 制裁的責任 102
7 公的責任と個人責任 104

Ⅲ　裁量の手続的統制—手続的公正と参加—

第6章　福祉サービスの給付過程と手続的公正 ―――― 111
　　1　優先順位の決定と公正な手続き　111
　　2　福祉行政と手続的公正　114
　　3　ラショニングの手法と手続的公正　117
　　4　ラショニングの手法の個別的検討　119
　　5　合理的体系性のある枠組み　132

第7章　社会福祉と行政手続法 ―――――――――― 136
　　1　福祉問題と行政手続法　136
　　2　留意すべきいくつかの問題点　138
　　3　今後の課題—福祉行政と手続的保障—　142

第8章　社会福祉と参加 ――――――――――――― 146
　　1　手続的保障と参加　146
　　2　権力問題と参加　148
　　3　参加のための2つのアプローチ　149
　　4　「契約型」アプローチ　155

Ⅳ　社会福祉と権利—権利保障の可能性—

第9章　コミュニティケア憲章と新しい権利保障概念 ―― 163
　　　　　—「柔らかい権利」としての福祉の権利—
　　1　はじめに　163

2　コミュニティケア憲章　165
　　　3　福祉サービスと権利　174
　　　4　新しい権利保障概念としての「柔らかい権利」　176

第10章　社会福祉と権利の理論　　　　　　　　　185
　　　1　福祉の権利のとらえ方　185
　　　2　福祉の権利の正当化のための議論　188
　　　3　道徳的権利としての福祉の権利　191
　　　4　法的権利概念の特徴について　195
　　　5　福祉の権利の具体化をめぐる問題　199

　あとがき
　索　　引

I

福祉の権利と裁量

―理論的検討―

第1章　福祉の権利と裁量

1　公的扶助制度とリーガリズムの病理

　わが国でもよく知られているR. M. ティトマス（Titmuss）は、1971年に「福祉の『権利』と法および裁量」（Welfare "Rights", Law and Discretion）という論文を書いている。この論文は、公的扶助制度の在り方をめぐって書かれたものであるが、その中でティトマスは、福祉問題に対する法律家のリジッドで形式主義的なリーガリズム的対応を「リーガリズムの病理（a pathology of legalism）」として批判している[1]。他方、法律家の立場からも、このティトマスのリーガリズム批判にあたかも呼応するかのように、社会福祉や社会保障の分野における伝統的な法学的思考の限界や問題についての指摘がなされていた。例えば、イギリスの法改革委員会（Law Commission）の委員長や控訴裁判所裁判官の経歴を持つL. スカーマン卿（Scarman）がその1人である。スカーマンは、その著書『イギリス法──その新局面』（English Law: The New Dimension）で、社会保障制度を法的処理に服さしめることが望ましいであろうかという問題を提起して、「もし法および法律家が社会保障制度の活用に社会的価値のある貢献をなすべきであるならば、素人が使っている著しく屈辱的な『リーガリズム』──この言葉は、法の先例に従い、政策の代わりに法的判断を代置し、裁量をしめつけ、当事者主義の敵対的姿勢をとり、技術的な点を取り上げ、形式を重んじることに向けられている──という言葉で要約される、法の性質および全域にわたる諸慣行に関する古くから確立された思考の習慣を放棄しなければならない[2]」と述べたのである。福祉問題に対するリーガリズム的対応ということには、一体いかなる問題が内在しているというのであろうか。また、そもそも

伝統的な法律学の枠組みではとらえきれない要素があると言われる福祉問題に対して、法律家ないし法律学はいかなる対応を取るべきなのであろうか。これらのことがらは、特に「福祉の権利」と「行政裁量」の関係をめぐる問題を法的に検討していこうとする場合には、避けて通ることのできない課題なのである。

2 社会福祉における権利と裁量

　まずは、社会福祉における権利と裁量の関係について、そのあらましを説明することから始めたい。福祉国家における社会的諸サービスは、恩恵としてではなく権利として（as of right）市民に提供されなければならない。この要請は、福祉国家の本質にかかわる重要な意義の1つに数えられている。つまり福祉国家においては、社会的諸サービスの受給者が、金銭上その他何らかの理由で国家に依存しているとしても、そのことをもって行政当局の恣意的なコントロールに服するいわれは何らないのであって、彼らを、市民という基本的立場から、それに付随する一切の権利とともに、いかなる形であれ排除することがあってはならないとされるに至ったのである。イギリスの場合、こうした「恩恵から権利へ」という展開のターニング・ポイントとなったのは、1940年代中頃の一連の社会立法の成立であった。すなわち、すべての者が無料の医療を受けられることになり（1944年国民保健法 National Health Act）、すべての者が教育を受ける機会を平等に受けられることになり（1944年教育法 Education Act）、また保険料拠出者たる国民は権利として社会保険給付を受給できることとなり（1946年国民保険法 National Insurance Act）、さらに公的扶助に関しても、その受給が法的な資格、すなわちエンタイトルメントの問題として構成されるに至ったのである（1948年国民扶助法 National Assistance Act）。福祉の受給者は、もはや提供者に恩義を感じなければならない哀願者ではなく、自己の法的資格を主張する市民として見なされることとなったのである。そして少なくともそれが、福祉国家を建設していこうとしていた当時のイギリスの目標であった。

ところで以上のことは、福祉制度の動きをかなり大局的にとらえた場合の論述であり、その意味でそれは理念レベルでの話であるとも言える。たとえば、T. H. マーシャル（Marshall）は、イギリスにおける公民としての基本的身分（citizenship）を構成する権利として、18世紀に登場した市民的権利（civil rights：人身の自由や、言論、出版、信条の自由や財産権といった個人の自由に対する権利）、19世紀に登場した政治的権利（political rights：主に成人普通選挙権の問題）、そして20世紀に登場した社会的権利（social rights：社会的諸サービスに対する権利）の３つを挙げ、市民的・政治的権利の場合、ほとんどのものが認知され実効あるものとなっているが、社会的権利は、現実には認知もされず実効あるものとなっていないことの方が多いと指摘している[3]。

　福祉の権利などの社会的権利が、なかなか現実化しないという理念と現実のギャップの問題が生じる理由には、様々な要因が考えられるが、その中でも特に大きな要因であるのが、「裁量（discretion）」の問題なのである。つまり、もし権利というものを、法的に確立されかつ保護された個人の利益ないし便益という意味で理解するならば、その保障のためには当該利益・便益の保護領域を明細に定めておくことこそが必要となる。これに対して、公権力に固有の判断権能を付与する裁量というのは、個人の利益・便益の保護領域を変形させたり曖昧にさせたりするという問題を本質的に内在させているからである。そして、かかる公権力の恣意的な発動を抑制し、国民の権利・自由を保障していくために法律学において伝統的に形成されてきたのが、いわゆる「法の支配（rule of law）の原則」である。

　ところでこうした権利保障の枠組みは、もともと市民的権利や政治的権利のようなレッセ・フェール的、個人主義的国家観の下で登場したいわゆる自由権的人権の保障を、主に念頭に置いて構成されたものであった。そこでは一般に国や行政は、市民の権利を規制したり侵害したりする者としてイメージされていたのである。ところが社会権の場合、その登場が福祉国家の成立と不可分に結びついていることから、事情が大きく異なってくる。つまり社会権の領域では、国家は侵害者として現れてくるのではなく、権利を実質化させる社会的諸

サービスの提供者として立ち現れてくるのであり、個人と国家の関係あるいは国家自体の役割が、決定的に市民的・政治的権利の場合と相違してくるのである。この点に関して、先に紹介したスカーマンは、次のようなことを論じている。すなわち「（伝統的法律学の）これらの態度及び慣行は、社会保障、またはもっと広く言えば、福祉国家の根底にある思想と共有するものは何もない。この（社会保障の）領域では、最小限の私的財産しかなく、またしばしば全然ないことさえある。つまり、これが当該の制度の存在理由である。基本的には、ニード——金銭、住宅、医療ケア、教育、扶養を求めるニード——だけがある。これらのニードの原因は無関係であって、ニードが存在しているという事実だけが問題となるのである。不法行為者もいなければ、敵もいない。原告または被告もいない。そして国家の立場は基本的に変化している。国家は、今日、ニードを満たすために金銭と行政を供与しているのである[4]」。このような事情が存在するなかで、侵害者としての国家の活動を抑制するために発展した伝統的な裁量統制の手法を、福祉行政の分野に適用していこうという問題意識が強くもたれなかったとしても、少しも不思議なことではないと言えよう。実際、スカーマンの「社会保障の制度は、法の実務からあまりにもはるかに遠ざかってしまっているので、極めて少数の法律家がその性質および内容についてほんのわずかの知識を持っているにすぎない、というのが事実である。含まれる領域についての無知は、そこに法の支配を確立するためにはなげかわしい出発点ではあるが、われわれはここから出発しなければならないのである[5]」という嘆きは、この辺の問題状況をよく物語っていると思われる。しかも、この点に関わってさらに留意しておかねばならないのは、このように国家の役割が決定的に変化してきているため、伝統的な法的コントロールの手法が通用しにくくなっているという事情がある一方で、そうだからといって裁量権限の恣意的な行使が権利の空洞化につながるという危険性は、社会権の場合においても依然として存在しているという問題である。たとえば、ワーカーに与えられている福祉給付などに関する権限が、他方でモラリズムや治安的観点に結びつくと、専門家の行使する治療的裁量という名の下に、一定の価値評価にもとづく素行調

査的な要素や管理統制的な要素が入り込み、クライエントの権利に対する重大な脅威と化す恐れが極めて高くなるからである。[6] そして、実際、こうした懸念が単なる杞憂に終わらなかったというのが、1960年代のイギリスやアメリカにおける現実の福祉行政だったのである。こうした中で、登場してきたのが福祉権運動であった。

3 福祉権運動とエンタイトルメント論

　上述のごとく伝統的な法律学の枠組みから言えば、個人の権利と行政の裁量権限とは調和しがたいものと位置づけられる。つまり、もし権利というものを、法的に確立されかつ保護された個人の利益ないし便益という意味で理解するならば、その保障のためには当該利益・便益の領域を明細に定めた準則こそが必要となる。これに対して、裁量権限というのは、社会一般の福祉とか公共の秩序といった個人の利益との対立を潜在的に含んだ公益目的達成に向けて、行政が行使するものだからである。

　こうした枠組みは、前述したようにもともと個人の財産権的利益の保障を念頭において構成されたものであるが、これを、社会福祉の領域へも同様に適用すべきであるとの立場から福祉問題への法的接近を図り、福祉権運動を理論的に支えることとなったのが、アメリカのC. A. ライク（Reich）の「ニュー・プロパティー（new property）論」（新しい財産権論）であった。[7]

　福祉問題に対するライクの問題意識は、次に引用する叙述からうかがい知ることができよう。

　「社会福祉の法は、福祉というのは国家によって与えられる1つの『贈り物（gratuity）』であり、したがって（受給者は）国家が適当とみなして課すいかなる条件にも服することになる、という理論にもとづいて展開してきた。そしてその1つの法理論的コロラリーが、あらゆる種類の福祉は公的基金からの支出という意味を持っているのだから、公の機関は、受給者の手にその基金が手渡された後も正当な利害関心を持つことができるというものである。かかる正当

化でもって、受給者は、他の市民には課されることのない多くのコントロールや手続きに服してきた。福祉給付が手渡されるとき、公正で合理的な適格基準や詐欺に対する効果的な防護措置が必要であるということについては誰も否定はしないであろう。しかし、貧困者はあまりにも容易に統制の対象とされてしまっている。貧困者の援助だけでなく、美徳の押しつけによる『改善』をも欲するモラリストにとって、貧困者は抑えきれない誘惑の対象なのである。貧困者は『最もよいことはなにか』についてのソーシャルワーカーの指図の下に置かれているのである」[8]。

「社会福祉の分野は、この（1935年の社会保障法 Social Security Act 以降の――筆者注）30年間、受給者の法的権利の保護と明確化ということに対してほとんど関心を払わないままに展開してきた。このことは、特に、大幅な裁量をともなって機能しているプログラムについてあてはまる。他の分野が、訴訟プロセスを通しての権利の着実な発展を見ているときに、（福祉の分野では）権利が――この権利の発展の可能性は既存の福祉立法のうちにも存在していたのだが――行使されないことから、どんどんやせ衰えていってしまったのである。……我々は、福祉の分野へのまったく新しいアプローチを必要としている。……高度に組織化され、制度化され、官僚化された社会においては、法は個人を保護していく上での不可欠の手段なのである。法だけが、個人の独立にとって必須の圧政からの自由と公正とを保護しうるのである。社会福祉の分野は、個人の権利が問題となるレベルでの法律家の参加をほとんど見ないままに展開してきた。まさに今こそ法律家が必要とされているのである」[9]。

以上の叙述からライクが、福祉の権利をめぐる問題点の1つに、伝統的な「特権理論」（福祉は権利ではなく特権 privilege として恩恵的に与えられるものである）と、それにもとづく恣意的な裁量権の行使があると考えていることがみて取れよう。それでは、ライクは、こうした問題にどのように対応しようとしたのであろうか。

まず彼は、1964年の「ニュー・プロパティー（The New Property）」（73 Yale L. J. 733）という論文で、おおよそ次のような議論を展開した。すなわち、政

第1章 福祉の権利と裁量 9

府給付（govermental benefits）は、伝統的に政府の意思で自由に取り扱うことができる特権として位置づけられてきた。しかしながら現代社会において政府は、社会全体における富の源泉として「巨大なサイホン」のごとき存在となっている。つまり政府が提供する社会保障給付や公共雇用、職業免許、事業特許、政府契約、補助金、各種公共サービスの普及によって現代社会は政府給付の存在なくしては、市民生活自体が成り立たなくなってきているのである。個人の生存と安全の基盤として、かつて私的財産（private property）が果たしていた役割を、今やそうした国家の諸活動＝政府給付が果たしているのである。したがって、かかる政府と個人との相互関係ないし地位には、かつて私的財産のために留保されていた法的保障に匹敵しうるような保障が与えられて然るべきなのである。「我々は《新しい財産権》を創造しなければならないのである」[10]。

　1964年の論文の趣旨は、翌1965年の社会福祉（特に公的扶助）の領域の問題を論じた論文「個人の権利と社会福祉（Individual Rights and Social Welfare）」（74 Yale L. J. 1245）において「エンタイトルメント論」という形でより一層具体的に論じられることになる。すなわち、「エンタイトルメントという考え方は、簡単に言えば、個人が健康で人間としての体面を保てる状態で生活する資力に欠くとき、社会は援助を提供する義務を有し、個人はその援助を権利として受け取る資格があるということである。最大限可能なかぎり公的福祉は、現実のニードについての包括的な概念——それは最大限の安定性と独立性を保証するよう客観的に定められた適格条件によって明細に記述されていなければならない——に依拠すべきである。平等な取り扱いという観念もまたエンタイトルメントに内在するものであり、（この観念によれば）妊産婦といった特別な地位に依拠した資格がベースになることに、反対する立場をとることになる」。

　「公的福祉制度の弊害は、相当程度において次のような問題に根ざしている。すなわち、多くの人々が官僚主義的な裁量に服していること、彼らの生活の拠り所が不確実でうつろいやすい資格基準によって不安定とされていること、福祉給付が常に臨検的な監督権に服せしめられていること、である」[11]。これらのことの結果、過剰な監督がもたらされ（受給者が）十分に自立した行動をとるこ

とができなくなっているのである。エンタイトルメントという観念は、これらの弊害に対処しようとするものである。それは、福祉給付の停止や喪失に対する客観的な適格性に関する保証手段であることを意味し、また、個人の権利がどのようなものであれ、知られていなければならず、法的に執行可能でなければならないということを意味する」[12]。

ライクの理論の全体を限られたスペースで紹介することは困難だが、少なくともここに引用した叙述内容から、ライク理論を構成する主要な観点の１つに、裁量の統制をめざして基準を客観化し公開することこそが受給者の権利擁護につながるとする、反裁量論的特徴があることが理解できよう[13]。

ライクの理論は、1960年代から70年代にかけてアメリカやイギリスで高揚したいわゆる「福祉権運動（Welfare Rights Movement）」の理論的支柱としての役割を果たした[14]。ことにアメリカでは、1970年代前後を起点として、学説・判例が伝統的な「福祉＝特権」論の克服へと大きく動き出すきっかけを与えたと言われている[15]。ところが、1970年代後半以降、このライク理論について、その意義を認めた上で、しかし批判的な観点から検討を加える必要があるのではないかとの問題関心が次第に高まっていった。こうした問題関心を呼び起こすことになった要因の１つに、行政が、基準の明細化という福祉権運動の提唱したアプローチ方法を逆手にとって、福祉受給者の権利を代弁する活動家から自己を守るシェルターとして、さらには給付水準の抑制・縮小にと利用し始めたという事情が存在していた。この点について、M. R. ソーシン（Sosin）は、福祉権運動の歴史を論じた論文の中で次のように述べている。すなわち、「法的権利グループ（福祉権運動のこと・筆者注）が、福祉制度に大きな圧力をかけていったとき、彼らはそのチャレンジが、明白に満足のいく準則でもって応じられるであろうと期待していた。しかしかかる準則は、官僚の側の目的に奉仕するように調整されてしまう可能性もあった。特に権利グループの活動がもはや活発ではなくなっているときには、さらに進んで、準則を改革に反対する立場の者の不満に応じる方向へと向け直すことも可能であった。……実際、官僚は、基準化改革（standardizing reforms）を、代弁活動の範囲を減じるために利用で

きたし、さらによりリジッドな準則——代弁者から官僚を守ると同時に（福祉の）守備範囲の縮小を望んでいる者を満足させる準則——の道へと開いていくために、利用することができたのである[16]」。

　ライクの立論の主要なポイントは、福祉受給者に、他の市民と同様の憲法上の公正な取り扱いを保障することにあったのだが、かかる問題は結局のところ手続きの問題として争われることになり、そうした意味から言うならばそれは必ずしも結果を左右するものではなかったのである。例えば、行政当局は、就労努力や資産活用に関して手続き的には「公正」だが（明細な基準や聴聞手続・上訴手続の採用）、受給者にとっては厳しい内容のプログラムを導入し、それを準則通りに——すなわち公正に——運用することにより、受給者に対するコントロールを強めていくことが十分可能だったのである[17]。

　ところで福祉受給者の権利を保障することを当然の前提としながらも、「裁量イコール権利領域の縮小」と形式的に見なし法的準則の明細化のみを追い求める一種のリーガリズム的対応に限界のあることを、その当時、最盛期を迎えていたアメリカの福祉権運動に注目しながらいち早く指摘したのが、冒頭の部分でも触れたイギリスのティトマスであった。ティトマスは、アメリカにおける動向を概観した後、アメリカの公的扶助制度には「リーガリズム」という一種の病理が存在しているとして次のような指摘をした。つまり、「我々が『リーガリズム』という言葉によって言い表しているのは、先例に基づく法的準則に固執し、急速に変化する人間のニーズや事情にきわめて緩慢にしか対応しないということである。『福祉権』に対する要求の高まりと結びついた公的扶助制度へのリーガリズムの適用の増大は、アメリカに膨大な資格（エンタイトルメント）の断片化をもたらしている[18]」。この資格の断片化というのは、特別の事情や需要を満たすための給付（例えば、例年に比して冬が長引いた場合の防寒着や燃料費、あるいは肝油などの子どものための特別滋養食品等）を、ソーシャルワーカーの状況判断に依拠する裁量給付としてではなく、個々の項目ごとに法的資格があると構成していくやり方をさして言ったものである[19]。だがティトマスはこうしたやり方には、次のような問題が内在しているとする。すなわち

「各項目・品目ごとに明細なかたちで資格を定めることは、受給者から選択の余地を奪うことになるのに加えて、さらに、柔軟な対応が禁ぜられることで、給付の水準がどのようなものであれその水準が、担当職員であれ審判所であれ誰も超えることのできない最大限となるであろうことを意味している。また、必要最小限の資格についての法準則化された項目ごとの規定は、(その主張が)いかなる人間的基準によるものであれ援助の増額を求める主張を——つまり、個別的正義を求める主張を——結局は無駄なことにしてしまう変えようのない頭打ちの基準 (a rigid ceiling) と化すであろう[20]」というのである。

　また、福祉権運動では、裁量の消極面のみが問題にされるあまり、その積極面が軽視もしくは無視されてしまっているという問題もあった。もともとリーガリズム的アプローチには、「個別的 (individualised) 正義」や「創造的 (creative) 正義」が問題となる局面には弱いという傾向がみられる。これに対して、K. C. デービス (Davis) も述べているように[21]、「裁量というのは、正義の個別化にとって欠くことのできない1つの道具」なのであり、「裁量は、統治や法における創造性の主要な源泉」なのである。もちろんデービスがすぐそれに続けて述べているように、「裁量がそうした道具となるのは、それが適切に用いられる場合だけである。実際、われわれの法制度における不正義の問題のうち、おそらく10のうち9までが裁量から発するもので、準則からの不正義は10のうち1つにすぎないであろう」という面もある。要するに、裁量の必要性だけを過度に強調してはならないし、逆にその危険性を過度に強調してもならないのであって、裁量の必要性と危険性の双方を強調する必要があるということなのである。

　確かにアメリカやイギリスでは、受給者の権利が行政の恣意的な裁量権行使によってないがしろにされるというケースが、とりわけ福祉権運動以前の段階においてかなり多く発生していた。そしてそうした状況を改めていく上で、受給者に対する公正な取り扱いを求めたライクのエンタイトルメント・アプローチのような方策は大きな武器となった。したがってこうした時代状況を考えるならば福祉の権利に関する理論でのライクの業績には高い評価が与えられて然

るべきであろう。しかし事態の推移は、ライク的なアプローチだけでは解決しきれない問題が、福祉の権利と裁量の関係には内在していることを明らかにしていったのである。

　福祉給付というのは、本来的に、その対象者が1人ひとり個別性を持っており、それゆえ実際の福祉ニーズも多様であるという現実を前提にして、制度化していかなければならないという制約をおっている。こうした中で、すべてのニーズを基準化し公開するというのはもともと不可能に近く、基準化をむやみに強調することは、かえって給付の及ばない間隙をもたらす危険がある。ティトマスのリーガリズム批判は、この点をついたものだと言えよう。福祉の権利という問題は、福祉制度の有するこのような特殊性を無視して語ることはできないのである。とはいえ、裁量の必要性のみを一面的に強調することもまた危険である。恣意的な裁量権の行使が権利の空洞化に直結するということは、ライクが繰り返して強調していた点でもあり、福祉権運動はだからこそ登場したのである。

　ライク的アプローチと裁量の不可避性という福祉の分野の特性との間でどう折り合いをつけていくのか。次章では福祉の分野において、権利と裁量の調和をどう図っていくかという問題について検討を加えていくことにしたい。

1) R. M. Titmuss,"Welfare 'Rights', Law and Discretion", 42 *Political Quarterly*, 113 (1971) pp. 124-125.
2) L. Scarman, *English Law : The New Dimension* (Stevens, 1974) p. 43 (田島裕訳『イギリス法――その新局面』東京大学出版会、1981年、49頁)
3) T. H. Marshall, *Sociology at the Crossroad* (Heinemann, 1963) pp. 67-127.
4) Scarman, *op. cit.*, (注2) p. 42 (邦訳書48頁)。
5) Scarman, *op. cit.*, (注2) p. 35 (邦訳書40頁)。
6) 「そのライフスタイルや行動が、ワーカーにとってあまり魅力的でない者――未婚の母とか結婚しているわけではない男と同棲している女性――に対して給付が否定されるだけでなく、給付が認められた場合においてもワーカーが、給付プログラムとは関連性のない生活行動の改善を要求するということもありうるのである。」M. R. Sosin, "Legal Rights and Welfare Change 1960-1980" in S. Danziger et al., ed. *Fighting Poverty* (Harvard Univ. Press, 1986) p. 262.

7） ライクの福祉権利論を、今日的な観点から論評したものとしては、Bussiere, Elizabeth "The 'New Property' Theory of Welfare Rights : Promises and Pitfalls", *The Good Society*, Volume 13, Number 2, 2004, pp. 1-9 がある。また、ライク理論に関する邦語文献としては、大久保史郎「アメリカ合衆国における生存権的権利の生成と構造（上）」『立命館法学』173号（1984年）、同「公法学の動向」『法律時報』50巻3号（1978年）がある。
8） C. A. Reich, "Individual Rights and Social Welfare ── Emerging Legal Issues" 74 *Yale Law Journal*, 1245（1965）p. 1245.
9） *Ibid.*, p. 1256.
10） C. A. Reich, "The New Property" 73 *Yale Law Journal*, 733（1964）, p. 787.
11） これは midnight raids ──当該家庭に男が同居していないかどうかを夜間急襲して調査を行うこと。同居していることが判明すれば、男に扶養義務があるとしてその分、福祉給付をカットすることができる──を念頭においた指摘である。
12） Reich, *op. cit.*,（注8）p. 1256. なお、エンタイトルメント論の意義に関しては、Barbara Brudno, *Poverty, inequality, and the law : cases, commentary, analyses*（West Pub. Co., 1976）pp. 568-579 を参照。
13） M. R. Sosin, "Legal Rights and Welfare Change 1960-80" in Sheldon H. Danziger and Daniel H. Weinberg ed., *Fighting poverty : what works and what doesn't*（Harvard Univ. Press, 1986）は、ライク理論の特徴を次のように論じている「（社会福祉の問題に関して）ライクが懸念したことは、もし福祉受給者が権利として保障されないとするならば、ワーカーがその利用できる資源（裁量のこと・引用者注）で憲法上の権利を買い上げてしまうのではないかということであった。そのライフスタイルや行動が、ワーカーにとってあまり魅力的でない者──とりわけ結婚しているわけではない男と一緒に暮らしている女性──に対して給付が否定されるだけでなく、給付が認められた場合においても、ワーカーは給付プログラムとは関連性のない生活行動の改善を要求することがあるのである。だからライクは、経済的給付制度においてはプライバシーは尊重されなければならず、ライフスタイルは適格性の障害とすべきではなく、またもし受給に関する決定について個人に異議があれば公正な聴聞を受けられるようにすべきであると主張したのである」（p. 262）。
14） 福祉権運動として具体的にどのような活動が行われていたのか。ここで、イギリスの福祉権運動の様子を簡単に紹介しておく。イギリスでも、アメリカとほぼ同時期に同じような状況（貧困者の人々の権利がないがしろにされている）の中で「福祉権運動」が展開した。ことに、CPAG（Child Poverty Action Group 児童貧困問題についての研究・運動団体）は、一足先に取り組みが進められていたアメリカの福祉権運動を積極的にイギリス国内で紹介するなど、福祉権運動の推進に大きな役割を果たしたと評価されている（K. Jones et al., "Legalism and Discretion" in *Issues in Social Policy*, Routldge & Kegon Paul, 1978, p. 141）。イギリスの福祉権運動は、大きく3つの方向で運動が進められていった。第1に、情報提供および助言活動である。つまり、利用できる福祉給付や

サービスの存在を知らせていくことを通じて、本来有しているはずの福祉の権利の行使を促進させようとしたのである。またこれには、間接的な効果として、給付やサービスに対する行政当局の周知義務の懈怠を公にするという意味もあった。第2に、代弁（advocacy）活動である。たとえば、給付が拒否されたり減額されたりした場合、クライエントに代わってその理由を文書で提示するよう求めたり、不服申し立ての場である審判所でクライエントの主張を代弁するなどがその例である。第3に、これは本章が対象とする裁量の法的統制という問題との関連で言えば、最も大きな意味を持つものであるが、いわゆる「テスト・ケース（test case）」と呼ばれる取り組みである。つまり、法を活用してクライエントに有利な判決を裁判所から引き出し、そのことを通じて貧困者の権利の拡張を図っていくというものである。このテスト・ケースは、いくつかのタイプに分けることができる（T. Prosser, *Test Case for the Poor*, CPAG, 1983）。第1に、制定法に関する行政の側の解釈を攻撃し、クライエントに有利な裁判所の法解釈を引き出し、貧困者の権利を確立しようというタイプである。このタイプの代表的なケースである「大バーミンガム上訴審判所事件（R. v. Greater Birmingham Appeal Tribunal ex parte Simper [1974] QB543）」では、公的扶助を所管する行政当局による暖房用の付加給付に関する裁量の行使に誤りがあるとの判決が出され、その結果、新たに何千人もの受給者が暖房用付加給付を得られることになったという。しかしこのタイプのテスト・ケースの場合、せっかく勝ち取った成果も、政府が新たな立法措置を講じることによって、無に帰してしまうこともあるという問題を抱えていた。第2に、福祉行政当局の行為が、判例法上確定されてきた行政法の一般原則に違反しているという理由をもって、裁判に訴えるというタイプである。とりわけ、制定法上理由付記が義務づけられている場合の決定については、その理由が実質的に意味のある十分な内容のものである必要があるとする原則——これは主に計画法の分野で発達した原則であるが——は、補足給付審判所（Suplementary Benefits Appeal Tribunal：〈注〉当時の公的扶助に関する不服申立を扱う審判所）が不十分な理由しか示さないことで悪名高かったことを考え合わせると、重要な意味を持つと言われていた。第3は、広い意味では第2のタイプと重なるとも考えられるが、行政当局に公正な手続き（fair procedures）を遵守させるべく裁判所を利用するというタイプである。ここでは、手続的権利の問題が主に論じられることになる。第4のタイプは、「リバイバル・テスト・ケース（revival test case）」と呼ばれているもので、使われることが絶えて久しい法律上の救済方法を、新たなやり方で復活させるというものである。たとえば、治安判事裁判所へ、不十分な居住環境に関して家主を訴えることを認めている1936年の公衆衛生法（Public Health Act）99条を活用して、公営住宅の家主である地方当局を訴えるなどがその例である。その他テスト・ケースには、福祉の問題を、政治という土俵の大きな争点に押し出す触媒としての機能や、福祉行政の政策変更を迫るプレッシャーとしての機能も果たしているとの指摘もある。

15) 例えば、ゴールドバーグ対ケリー判決（Goldberg v. Kelly, 397 U. S. 254（1970））は、それ以前の判例理論では「特権」と分類されていた福祉利益に対して、最高裁が手続的保護（給付の打切りに対する事前聴聞の要求）を及ぼした最初の判例であるが、同判決のプ

レナン法廷意見は、手続的保護の必要性の論拠の1つとしてライクの意見を肯定的に引用している。ゴールドバーグ対ケリー判決（Goldberg v. Kelly）については、佐伯祐二「アメリカ社会保障法における法的統制(1)」『法学論叢』118巻3号（1985年）33頁以下。
16) Sosin *op. cit.*,（注6）pp. 266-267.
17) *Ibid.*, pp. 262-263.
18) Titmuss, *op. cit.*,（注1）pp. 124-125.
19) *Ibid.*, なお、アメリカの福祉権運動は、これらの裁量給付がワーカーの裁量行使の結果拒否されることが多かったため、様々な需要に関する訴訟を積極的に提起し、個々の項目に関する受給資格を法的権利として勝ち取っていくという手法をとったのである。cf. Sosin, *op. cit.*,（注6）p. 270.
20) Titmuss, *op. cit.*,（注1）pp. 127-128.
21) K. C. Davis, *Discretionary Justice*（Univ. of Illinois Press, 1971）p. 25.

第2章　権利保障のためのフレームワーク
―福祉行政と裁量統制論―

1　福祉行政と裁量統制

　一般に、行政裁量の法的統制には、大きくわけて2つの視角からのアプローチが試みられてきたと言えよう。1つは、行政決定を基準に服させるという「基準化」の視点である。「基準の定立と公開」を主張する K. C. デービス（Davis）の裁量基準構造化論は、我が国でもよく知られている議論である。いま1つは、行政手続の「手続的保護・保障」という視角である。これは自然的正義（natural justice）やデュープロセスに由来するところの手続上の仕組みを通じて、決定過程への利害関係人の関与・参加を保障し、もって決定の公正さを確保するというものである。なお両者は、別個独立に存在しているわけではなく、現実には相互に様々な程度の関連性をもっている。

　ところでこうした2つの視角を、社会福祉・社会保障の領域に適用していったのが、第1章でもとりあげた1960年代の英米の福祉権運動であった。つまり、福祉権運動が、恩恵的な「特権論」を克服していくために用いた手法――リーガルアプローチと呼ばれることもある――の重要な要素として、「基準化」と「手続的保護・保障」という2つの視点が含まれていたのである。例えば、福祉権運動の代表的な論客の1人である C. A. ライク（Reich）は、福祉給付の内容が、「最大限の安定性と独立性を保証するよう客観的に定められた適格性によって明細に記述されていなければならない」と述べ、基準化を主要な戦略の1つに位置づけ、さらに「深夜急襲（Midnight-raids）」（当該家庭に男性が同居していないかどうかを夜間おしかけていって調査を行うこと）などにみられる臨検的監督を批判し、手続的公正すなわち手続的保護・保障の必要性を強調している。

福祉権運動にみられたこうした対応は、「福祉＝恩恵的特権」論の下、受給者の権利・利益が行政の恣意的な裁量行使によってないがしろにされることの多かった当時の状況において大きな意義を有していた。ところがその後の事態の推移の中で、こうしたアプローチだけでは解決しきれない問題が、福祉の権利と行政裁量の関係に内在していることが次第に意識されることになっていったのである。これは、「基準化」や「手続的保護・保障」といったことが、もともとは、経済規制（それも大企業相手を中心とした経済規制）における裁量の統制手法として展開されてきたものであるため、それをそのまま社会福祉の領域に一般的に適用することには、困難な側面があったという事情に由来している。

　本章では、こうした社会福祉の特性に由来する問題を踏まえながら、裁量統制による権利保障に向けて具体的にどのような議論が展開されたのかを、みていくことにする。

2　D. J. ガリガンの議論

　社会福祉の特性の問題を踏まえながら、基準化や手続的保護・保障の議論を展開させていった論者のひとりに D. J. ガリガン（Galligan）がいる[4]。

　第1章でも論じたように、権利と裁量の調和ということを考えるにあたってまず問題となってくることは、「裁量イコール権利の縮小」という伝統的な法律学の主張にどう対応するかという点である。ガリガンは、この問題を考えていくためには、まず裁量が機能する場合として2通りの状況があることを区別する必要があるとする[5]。1つは、裁量が、影響を受ける個人の利益を凌駕する目的――公益目的――に向けて行使されるときで、個人的な利益に対して何らかの考慮が払われるとしても、それは付随的な1つの考慮事由としての意味しかもたないような場合である。もう1つは、裁量行使の目的が、もっぱら個人の利益の実現化にあるような場合である。前者の場合として、ガリガンは酒場（パブ）の営業許可を挙げている。つまりこの場合、許可が認められるかどうかは、申請者の経済的利益だけでなく、そうした個人的メリットにかかわりの

ない公益目的（例えば、乱立などによって公共の秩序が乱されないようにする必要性）を含めた総合的な判断によって、決められるのである。そして「こうした場合においては、権利概念と裁量の間には確かに両立困難なところがある。なぜなら、いかなる権利主張も公益を理由にして無効にできるからである[6]」と指摘する。これに対して、2つめの後者の場合の裁量の機能の仕方は、前者の場合とはまったく異なる。つまりここでは裁量が目的としていることは、「当該個人の利益を促進し充足させる方法と程度の決定[7]」なのである。そしてこのような場合には、権利と裁量とは両立しうるのであり、事実これが福祉システムにおける1つの共通した特色（a common feature）なのであるとして、次のように指摘する。「個人のニーズと貧困の形態は無限の多様性を持っている。もしこれらのニーズが充足されるべきものであり、また貧困が軽減されるべきものであるとするならば、個々のケースの取り扱いにある程度の裁量を認めることが必要となろう[8]」。

　ところで、裁量が権利の縮小に必ずしも直結するものではなく、むしろ上記の第2の場合のように個人の利益確保のためには必要となる場合もあることを認めたにしても、裁量権の行使をまったく法から自由にしてしまうわけにはいかない。それは、権利と裁量との調和ではなく、権利を裁量に従属させてしまう結果となる危険性があるからである。そして実は、この問題に処理をつけることができるかどうかが、「必要な裁量」という考え方を法律学の次元で積極的に受けとめていけるかどうかを左右する1つの分岐点ともなっているのである。この問題について、ガリガンは、次に引用する部分にみられるように、「権利の存在」（資格＝エンタイトルメントの問題）と「権利の内容」（給付額・程度の問題）とを概念上区別して取り扱うことにより、解決の糸口を求めているようである。

　「一定の条件が充足されたならば、そこにおける唯一の裁量問題は、額はいくらかということだけなのであり、したがって何らかの給付を受ける権利というのは（すでに）存在しているのである。資源の有限性ということからくる制約に加えて、公益についての考慮も額の決定に入ってくるかも知れないが、し

かしそういった考慮は請求自体を無効にする理由とはならないのである。」[9]

「裁量については、権利があるかどうかについての考慮を許すためにあるのではなく、認定された権利の意味と内容を導き出すためのものだということを、ある程度強調しておくことがよいであろう。決定は、個々の諸事情や利用しうる資源の量、あるいは同様の権利に対する他者の潜在的要求といった様々な要因に基づいてなされることになろうが、しかしこれらの事柄は、権利の内容に対して影響を及ぼすものであって、決して権利の存在に対してではないのである。」[10]

先に触れたように、権利と裁量が両立しうるとの認識は、「裁量が個人の利益を促進させ充足させるために機能する」ということを前提にしている。したがって裁量は、あくまでも利益の促進・充足のための方法と程度の決定という面で機能するものでなければならない。もし裁量が、給付の請求を認めるか認めないかという面で作用するならば、それは裁量の存在を正当化している前提そのものと矛盾する結果となる。かかる結果を招かないようにするためには、裁量が機能すべき領域とそうでない領域とを、法的な次元において明確にしておくことが必要となる。ガリガンは、この要請を、権利の存在と権利の内容とを概念上区別することで対応しようとしたのである。[11]

さて、権利の存在と権利の内容とを概念上区別し、裁量が権利の核ともいえる「資格」の問題に入り込まないようにしえたとしても、権利の内容が、裁量にあまりにも従属したものとなってしまうと、権利が実質的に無意味なものと化してしまうおそれもある。つまり権利が認められても、無内容な権利では意味がないということである。したがって内容に関する裁量行使であっても、何らかのかたちでの統制のための枠を用意しておくことが求められよう。

この問題に対する1つの対応策として考えられるのが、ヨーロッパ諸国の公的扶助制度によくみられる基本給付（基準給付）と付加給付（裁量給付）の仕組みである。すなわち、通常需要に対する基本給付については明細な基準を設け、それを超える付加給付については、より緩やかで弾力的な基準でもって、特殊なまたは例外的な需要への柔軟な対応を可能にするというやり方である。[12]

福祉ニーズというのは、多様かつ変動しやすいという特質をもっている。他方、「基準」というのは、いわば規格化された尺度である。したがって一般的には、福祉ニーズというのは基準化になじみにくく、規格化された尺度に合わない部分がどうしても出てくる。そしてその合わない部分を形式的に、また無理矢理に規格に合わせようとするところに、リーガリズムの問題があったと言える。しかし多様なニーズといえども、基本的な需要については、ある程度範疇化・規格化していくことは十分可能である。したがってそうした部分に関しては、比較的明細な基準を設け裁量が恣意的に行使されないように統制するというのは理にかなったことでもあるし、また、規格化されない部分を切り捨てるのではなくその部分に対する柔軟な対応を可能にする緩やかな基準が別に用意されるのであれば、そうした明細な基準を設けることは、むしろ権利内容の空洞化を回避するための有力な手段となろう。

しかしこれによっても、基本的需要としてはとらえきれない、範疇化・規格化しがたい部分の問題は、依然として残る。弾力的で緩やかな基準では、裁量の統制をはかるための枠としてはあまり役に立たないということも考えられるからである。とはいえ、ここで基準の明細化を求めることはできない。規格化しがたいニーズが問題となるこうした局面においてこそ、積極的な意味での裁量が発揮されるべきところなのであり、これに対してリジッドな法的対応を試みることは、まさにリーガリズムの問題をもたらしてしまうからである。それでは、こうした局面の裁量が積極的に発揮されることを保証しながら、なおかつ何らかのかたちでの統制を及ぼしていくことは可能なのであろうか。これについては、こうした局面での裁量権行使との関係で、受給対象者がもっとも強く期待していると思われることに注意を向けてみることが、1つの解決の糸口になるのではないかと思われる。その期待とは、給付内容の決定に際して、ソーシャルワーカーが対象者の言い分や個別的な特殊事情に対して十分かつ合理的な考慮を払う、ということである。ワーカーの裁量権を尊重しながら、かつそうした期待を保証することができれば、この局面の裁量に関しても一定の統制を——少なくとも裁量権行使に対する一定の制約を——対象者の利益に

添うような形で及ぼすことになろう。

　ところでガリガンは、かかる裁量の統制ないし制約の具体化を、「合理的な判断過程を経ることを求める権利（rights to reasoning process）」という一種の手続的権利を対象者に保障することにより、はかろうとしているようである。[13] こうしたプロセスに対する権利を想定することの意義は、ガリガンによれば次のようなことにあるという。

　「様々に異なる利益や価値のそれぞれについて比較考慮し対照しなければならない裁量的決定における主要な論点の1つは、そのような評価検討をなすための客観的な基盤（objective basis）というものを割り出し明らかにするという点にある。かかる評価検討というのは、第1次的には裁量（権）を行使する当局の担当官の問題である。当初においては、各ケースがその時に望ましいと考えられたことに従って決定されていくので、そこに首尾一貫としたアプローチがあるという証拠はほとんどみられないかも知れない。プロセスに対する権利が、その役割にふさわしい場を得るのは、こうしたところにおいてなのである。すなわち、その利益が影響を受ける当事者に、言い分を主張することと、（担当官から）その決定を正当とした理由の説明を求めることを認めることによって、担当官は、その決定のための客観的で経験的な支柱を見出さなければならないというプレッシャーを受けることになろう。そして（かかる過程の）展開の所産の一環として、態度と利益考慮における首尾一貫性が生じる可能性があるのである。……こうしてプロセスと実体問題とが相互に影響し合うのである。プロセスは、裁量的決定のための客観的な基盤が形成されるのを促進する。しかしあくまでも実体判断の問題は、裁量を有する担当官の手中に依然として残されているのである。」[14]

　つまり、社会福祉の文脈で言いあらわすならば、基本的需要としての範疇化・規格化にはなじまない特殊例外的なニーズに対してどう対応するかは、実体判断の問題として一応ソーシャルワーカーの手に委ねざるを得ないが、しかしその判断の過程については、このプロセスの権利を導入することにより一定の制約を課することができるようになるであろう、というのである。

3 T.キャンベルの議論

　裁量と権利の調和を図るという問題関心から提起された議論としてもう1つ、T.キャンベル（Campbell）の「裁量的権利（Discretionary Rights）」という考え方がある。[15]

　キャンベルの裁量的権利論というのは、要するに、福祉行政において裁量が行使される局面を、法令による拘束の程度に応じて3つのタイプに分類し、それぞれのタイプに応じた有効な権利保障の形態を考えていくというものである。そこでまず、裁量のタイプに関してであるが、第1は、当該サービスもしくは給付が、法令のほとんど機械的ともいえる適用によって決定される場合で、法令による拘束がかなり強い局面において行使されるタイプの裁量である。例えば、公的扶助制度における基準給付などをこのタイプの例として挙げることができよう。第2は、法令がその適用に際してある程度の許容範囲を認めている局面において行使されるタイプの裁量である。たとえば、給付が単に法定最大限と最小限という範囲内でのみ規定されている場合とか、ソーシャルワーカーが抽象的な基準でもって法令を適用することが必要な場合などが考えられる。要するに、法令上可能な一連の処置の程度や類型が枠組みとして定められているだけで、個々のケースにおける処遇もしくは給付の内容の決定についてはワーカーの個別の判断に委ねられているというものがこのタイプに属することになる。第3は、法令による拘束にほとんど期待を持てないような局面において行使されるタイプの裁量で、ワーカーの専門的な技能や知識が高度に要求されるクリニックサービスであるとか、個別的で柔軟な対応が強く要請され、事物の性質上、専門家としてのワーカーにフリーハンドに近い判断権を認める必要がある場合などがこのタイプに分類される。つまり前記の第2タイプの場合には、一定の法的な枠組みの範囲内で個々のケースの処遇にあたることがワーカーに義務づけられているわけだが、この第3のタイプの場合、ワーカーの唯一の法的義務は、とにかく何らかの対応をするということ（しかもその中には何

もしない no action という対応も含まれる）だけとなるのである。

さて、以上のような分類をふまえたうえで、次にそれぞれのタイプの特性に応じてどのような権利保障の形態が考えられているのかをみていくことにしよう。まず第1のタイプであるが、このタイプの特徴は、主眼となる問題が法定給付の公平な執行ということであり、専門家としてのワーカーの治療的裁量という要素は、第3のタイプと違い原則として介在してこないという点である[16]。したがって、このタイプに関しては、法の支配の原則にもとづく裁量統制の手法が基本的に妥当しうると考えられる。すなわち、「適切な法規集が容易に一般大衆にとって利用可能な状態にあるべきであり、おこなわれた決定の理由は挙示されなければならず、また、事実に関する論拠に争いがある場合には、適切な証人が証拠準則に従って公平な審判官の前に召喚され聴聞されなければならず、さらに、自己の処遇に満足しないクライエントは、なされた決定について上級庁に提訴できるべきであり、また、自己のケースを満足すべき状態にするに必要なあらゆる法的・金銭的援助が与えられるべき[17]」なのである。

次に第2のタイプであるが、このタイプには、公的扶助制度における付加給付のようなものから対人的な福祉サービスに至るまで種々雑多なものが含まれており、裁量の量的・質的な必要度も千差万別である。しかしそのため、ややもすると裁量が不用意に持ち込まれてしまうという傾向もみられる。したがってこのタイプでは、まず、当該サービスや給付に認められている裁量が真に必要なものなのかどうか、不必要に裁量の幅を持たせてはいないかどうかを押さえる必要がある。つまり必要な裁量と不必要な裁量の洗い直しである。もし当該サービスや給付の性質からみて、その裁量に必要性がないということならば、基準化等を通じて第1タイプの裁量にそれを転換させていく必要がある。前述の裁量的付加給付に対する福祉権運動の対応などはその1つの例と言えよう。だが必要な裁量の存在も忘れてはならない。専門家としてのワーカーの治療的機能の必要や、個々のニーズに柔軟に対応する必要から、どうしても一定の裁量の幅を認めることが必要であるし、むしろそうした方がクライエントの利益にかなうという場合もあるからである（この点を十分認識できなかったところに福

祉権運動（第1章参照）の限界があった）。そこで求められるのが、必要な裁量が発揮される余地を残しながら、法的コントロールを強めていく手法である。これにはさしあたり2つの手法が考えられる。1つは、判例法（Case Law）の「先例拘束（stare decisis）」の考え方にならって措置事例の積み重ねにより公平な適用を確保したり、あるいは法令上の基準を法解釈を通じて精緻化する（たとえば補充的な下位基準の定立）などして、裁量を統制する枠組み自体を強化するというやり方である。第2は、これは制度改革を伴うことになるかも知れないが、オンブズマンなどの新たな苦情処理制度や救済制度を導入することである。

　最後に第3のタイプである。このタイプの裁量の特徴は、法令による拘束にはほとんど期待をもてないという点にある。つまり法的なコントロールが極めて困難な領域の裁量ということである。実際、この領域の裁量をコントロールするための法的な手法は、いまだ明確な形で提起されてはいないというのが実情である。しかし解決の糸口らしきものは提起されている。それは、立法目的や政策からみた「合理性」の概念による制約という考え方である。すなわち、「（その）裁量による決定が、いかなる法準則にも律せられぬ場合でさえ、それにもかかわらず、そのような決定が善・悪いずれかの決定、あるいはおそらく、合理的・非合理的いずれかの決定であるかを判断することが可能」[18]なのである。たとえば、「ソーシャルワーカーの職務は、苦悩を軽減させることであり、社会上、分裂を招く行動と、財政上、経費のかかる行動の発生を最小限に抑えることである。それゆえに、ソーシャルワーカーの決定は、こうした目標の達成にどの程度までに貢献するかに応じて、合理的・非合理的いずれかと判断されうる。そして実際、その決定はこうした目的のために行使されないならば、『権限踰越（ultra vires）』として無効にされるであろう」[19]というのである。しかしながら以上のような制度構成にも、権利保障という点からみてなお問題が残されている点もあることを付言しておきたい。つまりこうした立論のもとでは、個人は、現在の政府の政策あるいは当該制定法を起草した人びとに帰せられる政策と合致して取り扱われるべき権利を除けば、いかなる権利も有していない

ということになり、そうした政策に合わない個人の利益は、たとえそれがその者にとってどんなに重大なものであっても、簡単に切り捨てられてしまう可能性があるからである。

4 裁量統制による権利保障

　以上、裁量統制による権利保障においてポイントとなる「基準化」と「手続的保護・保障」にかかわる議論を中心にみてきたわけだが、ここでこれまでの検討を踏まえてポイントとなる事柄をまとめておくことにする。
　まず「基準化」に関してであるが、基準化の意義は「行政の法的責任の明確化と、それによる裁量の恣意的行使の排除」にあるといわれている。ところがこうした意義が他面では、福祉行政の分野に過度の厳格性や硬直性、あるいは形式主義といった要素を持ち込む可能性もある。具体的にはまず、基準の有する過度の厳格性・硬直性ゆえに、福祉ニーズの個別性・柔軟性という要素がオミットされてしまうということが考えられる。また基準の形式主義がもたらす弊害といったことも考えられる。基準化は裁量領域の縮小をもたらすわけで、一般的には行政は反発すると考えられるわけだが、しかし実際には、行政の側が自己の便宜のために基準化を歓迎する、あるいは積極的に利用するといった側面も存在しているのである。1つには、制度の円滑な運営のためといったことがある。つまり、業務の大量処理を可能とするためのルーチン化の手だてとして規則を利用するわけである。また、基準のシールド効果を利用するといったことも考えられる。例えば、申請者の言い分や特殊事情を合理的かつ十分に斟酌しなければならない個別的決定の煩わしさに対するシールドとして、あるいは外部からの圧力に対するシールドとして規則を利用するわけである（「あなたの言うことはもっともで、出来ればかなえてあげたいのですが、規則があっていかんともしがたいのです」といった言い方などは、ここでいうシールド効果の1つの例）。さらに、基準化という枠組みにおいては、基準に適合しているかどうかが問題にされるだけであり、基準自体の中身の問題は直接的には問題とされないとい

う点も、基準化アプローチのある種の限界として押さえておくことも必要であろう。もちろん司法審査によって、当該基準の違法性を問題にすることはできるわけだが、それは、例えば、ナショナルミニマムといった別個に存在する外部の規範あるいは基準を用いることではじめて可能となることであって、当該基準自体から違法性を判断する契機を直接的に引き出すこととは違うのである。その他関連する問題として、専門家の知識や判断に依拠する決定における裁量の問題もある。この種の問題を、第1次的には当該専門家集団の内部規律の問題であると考えた場合、外部規律である基準を設定することには、やはり難しい部分がでてくるのである。

　次に「手続的保護・保障」にかかわる問題である。一般に手続的保護・保障の意義は、「利害当事者が自己の言い分を主張する機会をもてること、そして決定に当たってはその理由付けが求められること」にあると考えられる。しかしその反面で次のような限界もあるのである。まず、必ずしも実体的権利を保障するものではないという問題である。つまり手続的な保護・保障というのは、基本的には①適正な手続を経ること、②同様な状況にある者は全て権利・利益との関係で、平等な取り扱いを受けるべきであるという、2つのことを意味しているにすぎないため、手続的権利の行使の結果、場合によっては申請者には、何の実体的権利もないことが判明するだけに終わる可能性もあるわけである。また、対審構造を前提とすることに由来する問題もある。対審構造というのは、白黒の決着をつける、もしくは勝者と敗者をはっきりさせるということを目的にした制度構成となっているわけだが、そのことが福祉行政に次のような問題をもたらす可能性がある。1つは、社会的に力のない者の場合（社会福祉の申請者の多くがそうした立場にあると考えられるわけだが）、フォーマルな対審構造の下では、自己の主張を述べる機会を持てるというメリットがあまり意味をなさないという問題である。例えばアメリカでの文盲率の高さや英語をしゃべることができない人々が多くいるという事実を考えてみれば、このことの問題性に想像がつくであろう。つまりそうした人々に、多数の法律スタッフを擁して行政と渡り合う大企業と同じような手続き上の権利行使を期待するわけにはいか

ないのである。また、ソーシャルワークのようにその関係が継続的な関係の場合、対決的な対審構造により良好な関係の維持が困難になるなどといった問題もあげられる。さらに、対審構造の下では、双方が歩み寄って妥当な結論をみいだしていくというインクレメンタルな（つまり漸進的・漸変主義的な）対応をとることが難しいといった問題も考えられよう。

以上にみてきたような「基準化」と「手続的保護・保障」の意義と限界にかかわる論点の整理から、裁量統制による権利保障の基本的な方向性として、一応次のようなことが引き出されるのではないかと考えられる。

まず、権利領域の画定と法的統制及び司法救済の確実性ということから、基本的には、基準化しその決定過程も手続き的に厳格に保護・保障していくことが望ましいといえよう。しかし同時に先にみたような問題点にも対処する必要性もあり、そのためには、例えば次のような方向性で考えていく必要があると思われる。

第1に、明細に基準化できる、あるいはすべきものを確定するということである。つまり対象となっている福祉利益が、基本的で重大な場合には、基準化や手続的保障によって厳格に保護していくとするのである。この点について多少補足すれば、まず「福祉ニーズの多様性」との関係では、多様かつ変動しやすい福祉ニーズといえども、基本的な需要については——イギリスなどの公的扶助制度のいわゆる「基準給付」と「裁量給付」の関係のように——ある程度範疇化規格化していくことは可能だと考えられる。また、いかなる福祉利益が「基本的で重大であるか」は、基本的には実体的権利に関する法理に左右される問題だといえよう。したがって実体的権利に関する法理論的検討の課題は、この意味においても非常に重要なウェイトを占めることになる。なお、基準設定過程への参加のために、いかなるチャンネルを用意すべきかという問題も、実は非常に重要な検討課題であるわけだが、ここでは問題点を指摘するに留めておきたい。

第2に、緩やかな基準による枠組みの設定という方向性である。前述したように、柔軟な対応を必要とする規格化しがたい福祉利益や、ミニマム保障とし

て社会的コンセンサスが得られるまでには熟していない福祉利益については、厳格な基準を適用することには困難なところがある。つまり、前者については、福祉ニーズへの柔軟な対応、言い換えれば積極的な意味での裁量が発揮できる必要があり、後者については、例えば財源とか施設や職員の数といった資源の有限性にかかわる様々なファクターを考慮しなければならないからである。しかしここで留意しなければならないのは、「完全で詳細な基準の設定」か、さもなければ「基準の断念」かといった二者択一的な思考方法をとるべきではないという点である。むしろこのレベルの問題については、基準の漸進的・漸変主義的な具体化の仕方を探っていくべきなのである。例えば、このレベルの問題についても、比較的緩やかな基準（つまり裁量行使の大まかな枠組みとしての基準）を設定することは可能であるし、実際にもそのように設定されている場合が数多く存在しているのである。そしてそうした枠組みの中で、ケース・ローの形成と同様に、行政実例を蓄積・公開し、漸次充実した基準に近づけていく、あるいは、設定された枠組みの中で、とりあえず行政庁に対して裁量行使のための「合理的な裁量基準」のような内部基準――従ってこの段階では外部効果つまり法規性がないわけだが――の設定を求め、それを公開させていく、そして「平等取り扱いの法理」や「先例拘束の法理」を活用したり、あるいは「当該福祉利益に対する社会的コンセンサスの形成のための努力」や「実体的権利に関する法理の深化」を背景にして、漸次裁量基準を充実させていき、法規化すべきものは法規化していく、といったやり方は十分可能な対応なのである。

　同様に手続的保護・保障についても、フォーマルな対審構造を前提としない柔軟な手続的保護といった視点を導入する必要があると考えられる。例えば、ガリガンが一種の手続的権利として構成している「合理的な判断過程を求める権利」、すなわち決定に際して行政が申請者の言い分や個別的な特殊事情について十分かつ合理的な考慮を払うことを求める権利などは、その１つの例といえよう。そのほか、フォーマルな聴聞手続ではなく、合理的で妥当な結論を得られるような話し合いの場を制度的に保障するとか、オンブズマンのような苦情処理手続を設けるなどといったことも、柔軟な手続的保護の対応として考え

図表2-1　裁量統制のための枠組み

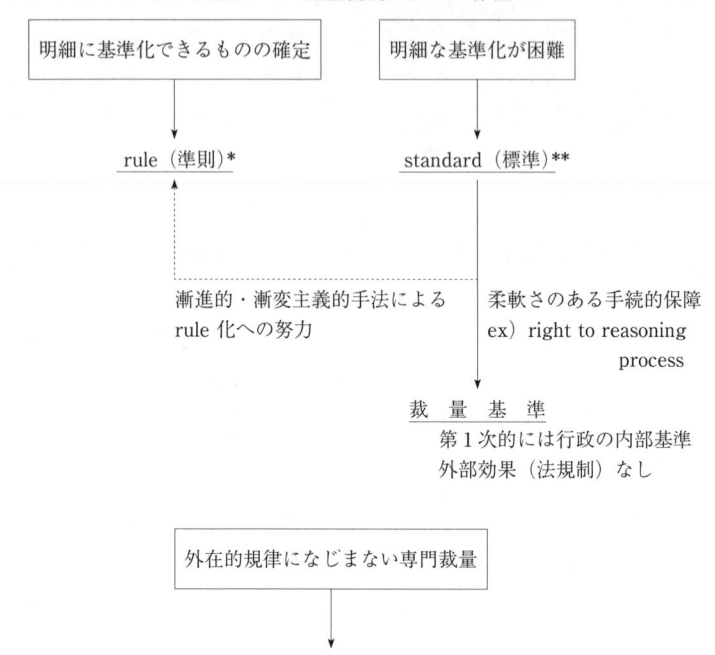

```
┌─────────────────────┐          ┌─────────────────────┐
│明細に基準化できるものの確定│          │明細な基準化が困難   │
└──────────┬──────────┘          └──────────┬──────────┘
           ↓                                ↓
      rule（準則）*                    standard（標準）**

           漸進的・漸変主義的手法による      柔軟さのある手続的保障
           rule 化への努力                  ex）right to reasoning
                                                        process

                                          裁　量　基　準
                                          第1次的には行政の内部基準
                                          外部効果（法規制）なし


                    ┌─────────────────────┐
                    │外在的規律になじまない専門裁量│
                    └──────────┬──────────┘
                               ↓
                         guideline（指針）
```

　*　一般的目的の大まかな言明である政策をもっとも明細な仕方であらわしているもの／法規制あり
　**　比較的緩やかな基準／政策を一定程度枠づけるもので、rule よりも方向づけが一般的／法規性はあるが、内容を一義的に定め難い側面があり、規律力は弱い

ることができよう。

　なお、ワーカーの専門的な技能や知識が高度に要求されるクリニックサービスなど、事物の性質上、専門家としてのワーカーにフリーハンドに近い判断権を認めているような場合の裁量については、基本的には、専門家集団の内部規律の問題とせざるを得ないと思われる。ただしその場合であっても、専門性が安易に主張される傾向があるということ、そして真に専門性の問題であっても、ガイドラインあるいは倫理綱領というようなかたちで、ある程度の客観化は可能であるということは確認しておく必要があるかと思われる。もちろんこれら

には、外部効果がないわけだが、それでも医師の医療過誤をめぐる損害賠償の事例にみられるように、ネグリジェンスの問題を判断する際の1つの指標とはなるであろう。

これまで述べてきた基本的方向性を、筆者なりにまとめれば図表2-1に示したようなことになろう。なお図では便宜上、J. ジョーウェル（Jowell）の定義を参考にして、厳格な基準を rule（準則）、比較的緩やかな基準を standard（標準）と言い表してある。[20]

1) J. Jowell, "The Legal Control of Administration Discretions"（*Public Law*, 178, 1973）p. 180 を参照。
2) 例えば、K. C. Davis, "A New Approach to Delegation"（36 *Univ. of Chicago Law Review*, 713, 1969）等を参照。佐藤幸治「アメリカ合衆国における『法の支配』の一断面」（覚道豊治他編『現代における「法の支配」』、法律文化社、1979年）、西尾勝『行政学の基礎概念』（東京大学出版会、1990年）305-343頁参照。
3) 本書第1章第3節参照。
4) D. J. ガリガンの理論に関しては、本章では主として D. J. Galligan, *Discretionary Powers: A Legal Study of Official Discretion*（Clarendon Press, 1986）を参考にした。ガリガンの編著書として他に、C. J. G. Sampford and D. J. Galligan ed., *Law, rights, and the welfare state*（Croom Helm, 1986）がある。
5) Galligan, *op. cit.*,（注4）p. 189.
6) *Ibid.*
7) *Ibid.*, p. 190.
8) *Ibid.*
9) *Ibid.*
10) *Ibid.*, p. 191.
11) なお、ガリガンは、この権利の存在と内容の関係につき、ホーフェルドの権利概念を用いて次のように説明している。すなわち、「A（市民）は、S（国家）に対して、もしS（国家）がA（市民）にXなる対象物を与えるないしは利用させる法的義務（a legal duty）を有しているならば、権利を有しているということになる。（この点にかかわって）2つことが問題となってくる。すなわち、S（国家）がそうした義務を有しているかどうかということと、Xの内容は何かということである。義務が存在しているかどうかは、当該法規定の解釈に依る。もし義務ではなく権能（power）があるという場合には、S（国家）は、X（対象物）を与えるかどうか、あるいは利用させるかどうかについての裁量を有しており、そしてA（市民）は権利を有していないということになる。しかし、たとえX（対象物）の内容・程度の決定に関して（S（国家）の側に）裁量がある場合であ

っても、X（対象物）に関する義務が存在することもありうるのである。そうした場合にはA（市民）は、かかる裁量に服するところのX（対象物）に対する権利を有するということになる。そのような類（たぐい）の裁量が存在するというのは、X（対象物）に関して定めている基準を解釈する必要があるという理由から、あるいはX（対象物）の内容の明細化を個別のケースの具体的諸状況の中で決めていくことの方が望ましいという理由から、十分あり得ることなのである」。Galligan, *Ibid.*, p. 190. ホーフェルドの権利概念については、高柳賢三『英米の法律思潮』（海口書房、1948年）125-216頁参照。ちなみに、権利の「存在」と権利の「内容」の区別という視点は、わが国においては、下山瑛二「サービス行政における権利と決定」雄川一郎編集代表『公法の理論 中 （田中二郎先生古稀記念）』（有斐閣、1976年）が、「受給額と受給資格の確定手続をまず別にすることが必要である」として、その必要性を示唆している。

12）　イギリスの制度について山田篤裕「所得補助・社会基金」武川・塩野谷編『先進国の社会保障1・イギリス』（東京大学出版会、1999年）、ドイツの制度についてドイツ社会法典研究会「社会扶助と失業扶助の統合再編」『賃金と社会保障』1406号（2005年）、1408号（2005年）、1420号（2006年）を参照。

13）　Galligan, *op. cit.*,（注4）p. 191, 195-199.

14）　*Ibid.*, p. 199.

15）　T. Campbell, "Discretionary 'rights'" in N. Timms et al., ed., *Philosophy in Social Work*（Routledge & Kegan Paul, 1978）（関谷新助他訳『社会福祉の哲学』雄山閣出版、1988年）pp. 50-77（邦訳書、75-108頁）。なお、キャンベルの議論を紹介したものとして、他に、河野正輝「社会福祉サービスの法的特質」『季刊労働法』114号（1979年）がある。

16）　「ケースワーカーは、問題の状況を調査するために自己の介入を必要とするほどに不明瞭であるか、または、型やぶりのケースである場合を除いて、この種の裁量的決定を下すことに関与しないであろう。……（むしろ）この場合の危険性は、ケースワーカーが、法的給付の公平な執行に対する協力者としての自己の職務と、牧師ないしカウンセラーとしての自己の職務とを混同し、クライエントになにが有益であるかという自己の判断が、クライエントがいかなる権利を有するかということに関する自己の意見に影響を及ぼすことを、許してしまうことである。これは、裁量の第1のタイプと、まだ考察していない別の類型の裁量とを混同することである。」Campbell, *op. cit.*,（注15）p. 61（邦訳書89頁）。

17）　*Ibid.*, p. 61（同上訳書88頁）。

18）　*Ibid.*, p. 67（同上訳書96頁）。

19）　*Ibid.*, p. 68（同上訳書98頁）。

20）　Jowell, *op. cit.*,（注1）pp. 201-206.

補論　福祉権運動後の福祉権理論の動向
――アメリカにおける福祉受給権と福祉裁判――

1　はじめに

　アメリカにおいて、公的扶助をはじめとする社会福祉給付に関する公的プログラムが、統一的な制度として本格的に成立するのは、1935年の連邦社会保障法（Social Security Act）においてであった。ところで、こうしたプログラムによる給付も生活を維持していくのに必要な財と位置づけるならば、この社会保障法の制定以後、その者がいかなる財に依拠しているかによって次のような4つの階層に区分されることになったといわれる。第1の階層は、主として市場に由来する財（キャピタルゲイン、不動産、高給、個人年金等）に依拠する富裕層である。この層の財は、私的財産（private property）として、政府（公権力）による侵害も含めた多くの種類の侵害から憲法上、法律上、判例上強固に保護される。第2の階層は、大部分の中産層および上層の労働者層である。この層も、不動産やいくらかの個人年金を中心に一定の私的財産を保有しているが、他方彼らは、社会保障法によって設けられた社会保険（老齢・遺族・障害保険）プログラムに大きく依存している。これらの社会保険給付には、「拠出」と「明確なルール」という2つの私的財産類似の特徴が備わっており、その給付は、第1の場合と全く同じにではないにせよ、法的に執行可能な「エンタイトルメント（entitlement）」としてそれなりに強く保護されている。第3の階層は、老人、障害者、要扶養児童など社会保障法上の公的扶助プログラムに依存する層である。この層に属する者たちは、働かないこと（自助できないこと）につき社会的に正当な理由をもっているとされ、その意味で生活を維持するための援助を社会に求めるある種の権利を有しているといわれることもあった。しかしそれは、

法的に執行可能な権利という意味では決してなく、法的保障をほとんど期待できない恩恵的な「特権」ということにすぎないと解されてきた。そして最後の第4階層に属するのが、労働可能な貧困者である。この層の者は、社会保障法上の公的扶助制度からも排除され、救貧法的色彩の一層強い一般扶助（general assistance；州および地方が独自に負担・運営する公的扶助制度）に依存することになる。

　ところで、こうした階層区分が生じた基底的要因として大きな影響を及ぼしたのは、いうまでもなく「福祉＝恩恵的特権」論であった。そしてこうした特権論を克服し、第3・第4の階層の福祉給付の権利性を認めさせていこうとし、そして実際にも大きな成果を上げたのが、1960年代後半の福祉権運動（welfare right movement）であり、その理論的支柱としての「エンタイトルメント・モデル（entitlement model）」であった。ところがその後の経過の中で、そうした運動や理論的営為の成果を掘り崩したり、あるいは否定するような動きが、連邦最高裁判所の判決において顕著にみられるようになってきた。そこで以下、福祉給付の権利性と公的責任をめぐるアメリカでの動きを概観しながら、そのなかで提起されている理論的課題や問題状況を簡単に整理してみることにしたい。

2　福祉受給権とエンタイトルメント・モデル

　アメリカでは長い間、福祉給付は単なる恩恵的給付であり、給付を取り扱う者は完全に自由な裁量によって行為することができるとする特権論が支配してきた。つまり給付を行うのが政府であるにもかかわらず、それは一種の慈善（charity）と見なされてきたのである。慈善に対して「権利」を主張するなど思いも及ばなかったわけである。しかしアメリカ社会も1960年代に入ると、公民権運動に象徴されるような「改革の時代」を迎えることになる。黒人などのマイノリティーグループが、貧困者に占めるウェイトが大きい以上、そうした改革の動きが貧困問題に波及するのは当然のことであった。かくして60年代後

半、ジョンソン政権が「偉大な社会（the Great Society）」計画と名づける貧困戦争を宣言し、各種の社会的実験と社会立法を行うという政治状況を背景にして、福祉権運動も大きく進展することになる。そして、その運動の進展の理論的支柱となったのが、E. スペラー（Sparer）や C. A. ライク（Reich）などによって形成されていったエンタイトルメント・モデルだったのである[2]。ここで彼らの理論を詳細に紹介する余裕はないが、その一端を示せば、例えばスペラーが次のように述べている部分からは、前述の第 3・第 4 階層の福祉給付の法的権利化という主張が明瞭に読み取れる。すなわち「公的扶助の給付が、政府の恩恵的給付なのか制定法上の権利なのかについて、現在のところ有効な政治的コンセンサスが得られていない。権利概念の拡張を支持する者でさえ、福祉が社会保険の原理ではなくミーンズテストやニーズテストに基づいている以上、扶助に対する権利は存在しないとしばしば論じている。しかしながら最も明確であるとされる社会保険の権利というのも、その権利に先立つ所与の要件が満たされてはじめて発生するのだともいえるのである。ミーンズテスト——本質的に自尊心を傷つけるところがあるが——も公的扶助に先立つ要件以外の何ものでもない。それ故、もし所得や他の要件が満たされているなら、公的扶助も法的に執行可能となるべきであり、社会保険や物的財産権と同じように権利の問題となるべきなのである[3]」と。またライクの以下のような論述からは、エンタイトルメント・モデルがいかなることを目標としているのかを知ることができよう。すなわち「エンタイトルメントという考え方は、簡単にいえば、個人が健康で人間としての体面を保てる状態で生活する資力に欠くとき、社会は援助する義務を有し、個人はその援助を受け取る資格があるということである。公的福祉は、最大限可能な限り現実のニーズについての包括的な概念——それは最大限の安定性と独立性を保証するよう客観的に定められた適格条件によって明細に記述されていなければならない——に依拠すべきである」。また「公的福祉制度の弊害は、多くの人々が官僚主義的な裁量に服していること、彼らの生活の拠り所が不確実でうつろいやすい適格基準によって不安定にされていること、福祉給付が常に臨検的監督に服せしめられていること、に根ざしてい

る。エンタイトルメントという観念は、これらの弊害に対処しようとするためのものなのである」[4]。

　ところで上記の引用からもうかがえることなのだが、エンタイトルメント・モデルにおける福祉権論には３つの要素があるといわれている[5]。第１は、福祉給付を、行政庁の裁量行使の結果としてではなく、制定法上の範囲内で受給する権利であるとする主張である。つまり、所得やその他の受給要件を満たしているならば、その者は、当該給付を受けるべく、更なる裁量判断に服することなくかつ公正な手続的保護の下に、資格づけられるべきであるというのである。これは、先に引用したスペラーの主張にまさに照応するものといえよう。第２は、公当局の恣意的で抑圧的な行為に対して、福祉受給者もデュープロセス条項や平等保護条項などが保障する憲法上の権利に基づいて対抗できるとする主張である。これは福祉受給者の場合、支給の拒否や打ち切りを恐れて、プライバシー・移動の自由・家族の自律（autonomy）といった権利を主張できない、あるいは福祉＝恩恵的特権という考え方の下、そうした権利がないがしろにされるといったことが多かったという事情を踏まえてのものである。第３に、これはとりわけライクの議論にはっきり出てくる考え方だが、貧困は大部分が社会的諸力によってもたらされているのだから、健康で人間としての体面を保てる状態で生活する資力に欠けるとき、社会は援助を提供する義務を有し、個人はかかる援助を権利として受ける資格があるというものである。要するに、福祉受給者は基本的な生活需要の保障を求める憲法上の権利を有するということであり、実体的権利概念としての生存権（the right to life）の主張といえよう。

　これら３つの要素のうち第１と第２の主張については、1960年代末から70年にかけての連邦最高裁判所の画期的な３つの判決により基本的に承認されることとなった[6]。まず1968年のキング対スミス判決（King v. Smith, 392 U. S. 309）である。本件はいわゆる代替夫（substitute father）条項──母親が夫以外の男性と同棲している場合には、その男を代替夫とみなし「要扶養児童を有する家族に対する扶助（AFDC）」を打ち切るとする規定──に基づき給付を打ち切られた AFDC 受給者により提訴された事件である。最高裁判所は、「州は親とい

う語の内容を連邦の社会保障法よりも狭く定める裁量権を有していない。連邦法は、適格なすべての個人（all eligible individuals）に扶助を与えることを命じているのであるから、連邦法の基準を満たす家族の子どもに対して給付を拒否することはできない」として、同条項は社会保障法に抵触するゆえ無効であるという判決を下した。かくして連邦社会保障法の下で、AFDCにつき適格性を有するすべての者は、州が特定のグループに適格性を与えるかどうかにつき裁量権を有することが法の文言から明白でない限り、給付を与えねばならぬこととなり、前述の第1の主張が基本的に承認されることになったのである。続いて1969年のシャプリオ対トンプソン判決（Shaprio v. Thompson, 394 U. S. 618）では、第2の主張が取り上げられた。本件は、「居住要件（durational residency requirement；AFDCの申請者はその地に1年以上居住していなければならない）」の合憲性が争われた事件である。最高裁は、「扶助を必要とする貧困家庭も憲法に基礎を置く移動の自由を有しており、適格性の要件として居住要件を課すことは憲法上許されない。また居住要件に基づく申請者の分類を正当化するほどのやむにやまれぬ（compelling）州の利益がそこにあるとも思われない。州の予算に対する財政上の含意も明らかに重要なことだが、福祉コストの節約をそうした不公平な分類の正当化根拠とすることはできない」として、居住要件は平等保護に反しており違憲であるとの判決を下した。こうして同判決により、福祉受給者も憲法上の権利に基づいて侵害行為に対抗しうることが承認されるに至ったのである。第2の主張についてはさらに1970年に最高裁が、事前に異議を述べる機会を何ら与えられずに給付を打ち切られた受給者から提訴されたゴールドバーグ対ケリー判決（Goldberg v. Kelly, 397 U. S. 254）で、「福祉給付は、その受給資格を有する者の制定法上の資格である。憲法上の訴えを、公的扶助給付が『権利』ではなく『特権』であると主張することで応じることは許されない」として、福祉給付についてもデュープロセス条項に基づく憲法上の保護が与えられねばならないとの判断を下したことにより、一層確実なものとなった。

　ところが以上の第1・第2の場合と異なり、第3の主張に対して最高裁は

1970年のダンドリッジ対ウィリアムズ事件（Dandridge v. Williams, 397 U. S. 471）で否定的な判決を下した。本件は、要扶養児童の人数にかかわりなく1家族が受給しうる AFDC の扶助額に上限を設けた「最高扶助額（grant maximum）規定」のために、その人数に見合う最低生活費を受給できない多人数家族が、同規定の合憲性を争って出訴した事件である（なお上限を設定したのは、財政上の理由のほかに、上限がないと多人数家族の場合、フルタイムの労働者の最低賃金よりも多額な支給がなされ、ワークインセンティブが阻害される恐れがあるという事情もあった）。最高裁は、「経済や社会福祉の領域では、単に州法による類別が不完全だからといって州が（修正14条の）平等保護条項に違反したことにならない。その類別が何がしかの合理的根拠を有しているならば、何らかの不平等が実際に生じるからといって憲法に違反するものではない。修正14条は、何が賢明な経済政策・社会政策であるかについての裁判所の見解を州に押しつける権能を何ら与えるものではない」として、最高扶助額規定を合憲とした。[10] こうして、生存のために必要とされる基本的な生活需要が保障されるべきであるとする第3の主張は、最高裁によって拒絶されることになったのである。[11]

さてダンドリッジ対ウィリアムズ判決（Dandridge v. Williams, 397 U. S. 471）をめぐる問題が残されたとはいえ、最高裁判所が、エンタイトルメント・モデルの主張をかなりの程度取り入れるようなかたちで福祉受給者の権利を承認したことは、特筆に値する画期的なことであったと評価できよう。とりわけ最高裁が前述の3つの判決などを通じて、福祉＝恩恵的特権という長期にわたって支配してきた考え方を否定したことのもつ象徴的意味は、きわめて大きなものがあったのである。

3 マネージリアル・フォーマリズム・モデル

1 マネージリアル・フォーマリズム・モデルの特徴と役割

1970年代に入ると、石油ショックを契機とする経済的停滞や保守化傾向のなかでのリベラル派の後退など、福祉をめぐるアメリカ社会の経済的・政治的背

景は、大きく変化しはじめていった。そして80年代に「小さな政府論」を掲げたレーガン政権が登場したことにより、「自立・自助」の強調、公的福祉の抑制といった政策基調は決定的なものとなっていった。

こうした経済的政治的環境の変化に呼応するかのように、貧困問題や福祉問題に対する連邦最高裁の態度もまた変化し、70年代はじめにかけてのリベラルな判決とは打って変わった保守的な内容の判決が相次いで出されるようになっていった。そしてこうした傾向は、1986年に W. H. レンキスト（Rehnquist）が、最高裁の陪席裁判官から首席裁判官に昇格して以降（一般にこの期の最高裁をレンキスト・コートと呼ぶ）、一層顕著になったといわれる。R. ローゼンブラット（Rosenblatt）は、福祉問題に対するレンキスト・コートのアプローチ方法を「マネージリアル・フォーマリズム・モデル（managerial formalism model）」と呼び、その理論的役割を「公的裁量と受給者の権利の否定とを正当化する法理論を再構築し、エンタイトルメント・モデルの拡大を防ぎ、そして保守主義的価値と一致させるため、必要な場合には、それを再解釈すること」として位置づけている。[12] マネージリアル・フォーマリズムと称したのは、その論理の特徴として「私的領域と公的領域の区別、積極的権利と消極的権利との区別、中立性の強調」といったフォーマリズムの側面と、「立法府および行政府の専門性の尊重」といったマネージリアルな側面を併せもっているからなのだが、このへんの事情をいくつかの判決を通して具体的にみてみることにしたい。なおこれらの傾向は、公的扶助、社会保険、対人的な福祉サービスなど社会保障・社会福祉の各領域にまたがって広くみられることが1つの特徴ともなっている。そこでここでは、それら各領域にかかわる判例を1つずつ取り上げてみることにしたい。

2 マネージリアル・フォーマリズムと福祉裁判

(1) リング対インターナショナルユニオン UWA 事件（Lyng v. International Union, UWA）　まず、公的扶助プログラムの1つである「食料切符（food stamps）制度」にかかわる、1988年のリング対インターナショナルユニオン

40　I　福祉の権利と裁量

UWA 判決（Lyng v. International Union, UWA, 108 S. Ct. 1184）である。事案の概要は次の通りである。1981年に制定された「予算調和一括法（Omnibus Budget Reconciliation Act; OBRA）」の109条により、食料切符制度に次のような資格制限が盛り込まれることになった。すなわち、ロックアウト以外の労働争議を理由にしてストライキを行っている者が構成員にいる世帯は、(1)連邦の食料切符プログラムに参加する資格がない、(2)当該世帯が、ストライキ前の段階で食料切符について適格性を有していた場合には、ストライキに参加した世帯構成員の所得の減少の結果に起因する食料切符の増額から排除される、ということになった。これに対して1984年、いくつかの労働組合および組合員から、109条が違憲であるとして提起されたのが本件事案である。本件での争点は、109条が、①合衆国憲法修正1条の「結社の自由」が保障する「一定の親密な人間関係や交わりを形成する権利」および「表現等のために結社する権利」を侵害しているのかどうか、②修正5条に内包されている「平等保護条項」[13]に違反しているかどうかである。連邦最高裁は、概ね以下のような判旨で①②いずれの点でも109条は合憲であるとしたが、その立論が、積極的権利・消極的権利の二元論、中立性、議会・政府の判断に対する尊重的態度等から成り立っているのがみてとれよう。

　①本条は、個人が家族とともに食事をすることや、ストライキを行うために結合することを禁じているものではない。つまり本条によって、家族の生活の仕方や、労働者の合法的な権利主張のために結合する能力が、何らかの仕方で直接的かつ実質的に干渉されているわけではないのである。かりにストライキ中の個人が、食料切符の割り当てを増加させるために、その世帯から分離するとか、組合から抜けるといった特異なケースがみられうるとしても、大半のケースにおいては、109条が何らかの影響を及ぼすというのはまったくありそうにもないことである（at 1189）。
　本条は、政府の抑圧を受けずに、労働組合問題について意見表明する労働者の権利を奪うものではない。本条は、個人に金銭の支払いを強要したり、

特定の信念を抑圧したり、その意に反する政治活動に参加することや政治的見解を支持することを求めているわけではなく、単に、所得減少の理由がストライキである場合には、食料切符の追加的援助を行わないということにすぎないのである（at 1191）。

本裁判所は、たとえ憲法が特定の個人の諸権利への政府の強制的干渉を禁じている場合であっても、そのことが、かかる自由の完全な実現に必要となるような資金へのエンタイトルメント（資格）を付与することになるわけではないと、これまでにも明確に述べてきた（同上）。

②本条は、修正5条の平等保護条項を侵していない。なぜなら本条は、私的な労働争議への不適当なひいき・優遇（undue favoritism）を避けるという正当な政府の目的と合理的な関連性を有しているからである。本条がストライキ中の労働者やその家族に、一定の差別を行っていることは確かだが、本裁判所は、そうした者への食料切符の支給は、このプログラムの公的な調和的一体性（public integrity）にダメージを与え、その正当な目標を危険にさらすという議会の見解を尊重せねばならない（at 1192）。

OBRAは、支出をカットすることで政府の財政的保全（fiscal integrity）を維持するという正当な目的のために制定された。この目的を、個人やグループに対する差別によって追求することは許されないが、憲法は、当裁判所が、食料切符プログラムのなかの他の予算をカットするよりも、109条を通過させた方が好ましいとする議会――議会には、一般的福祉を改善していくために金銭を使うにはどうすることが最良かについての裁量権がある――の判断を妨げることを許していない（at 1193）。

(2) シュヴァイカー対チリキー事件（Schweiker v. Chilicky）　次は、公的年金制度の1つである障害年金にかかわる1988年のシュヴァイカー対チリキー判決（Schweiker v. Chilicky, 108 S.Ct. 2460）である。事案の概要は次の通りである。1980年、議会は、社会保障法 Title II に基づく障害年金給付の障害認定（disability determination）を、少なくとも3年に1度は再審査することを命じる

法律を制定した。これを受けて、保健・社会福祉省により制度化された当初の「CDR（継続的障害審査 continuing disability review）プログラム」では、通常、その第1次評価（initial evaluation）を行う州の行政機関により当該受給者が不適格となったと判定されると、支給が停止されることになっていた（なお、支給停止の措置は不服申し立て期間中であっても同様にとられた）。ところがその州の行政機関の判定が、誤りのある不適切なものであるため、後の段階でALJ（行政法審判官 administrative law judge：正式の聴聞手続を主宰することを職務とする連邦の行政官）による受給資格の回復がかなり多くみられることが、判明した（第1次審査を受けた者のうち約半数の者が支給打ち切りの判定を受け、その内3分の2が後の手続きで資格回復したという。なおかかる事態を受けて、議会は1983年および1984年に、ALJの審査中は、支給が継続されるようにするための法改正を行っている）。チリキー（Chilicky）他2名は、1981年および82年に、当初の制度のもとで誤った認定に基づき障害給付を停止されてしまった。3名はその後の手続きで受給資格を回復するが、停止期間中（7ヵ月〜19ヵ月、なおこの間の支給分については資格回復後支給された）、生計のほとんどを障害年金に依存していた彼らは、最低限の生活必需品の購入も困難になるなどの苦しい生活を余儀なくされた。そこでこうしたCDRプログラムに基づく支給停止は、合衆国憲法修正5条（デュープロセス条項）の保障する権利を侵害するものであるとして、同プログラム策定に責任を有した連邦職員（保健・社会福祉省長官他2名）を相手どり、停止期間中被った精神的苦痛等に対する損害賠償を求めて提起したのが本件である。アメリカでは1971年の連邦最高裁判決（ビベンズ判決）[14]により、連邦の職員が憲法上の権利を侵害したとき、憲法に直接基づいて損害賠償を請求する道が開かれることになったのだが（この種の訴訟はビベンズ（Bivens）型訴訟と呼ばれる）、ただしその場合、「議会の明示的意思なしに憲法上の請求を認めることを、躊躇させるような特別の要因（special factors）がある」ときは、その請求は成立しえないこととされている。そこで本件においても、かかる「特別の要因」が存在するかどうかが争点となった。連邦最高裁は大略以下のような判旨で「特別な要因」があるとして請求を否認した。なおこの判決では、とりわ

け議会・政府の判断に対する尊重的態度が顕著である。

　「特別の要因」という概念には、議会の判断に対する裁判所の然るべき尊重的態度（an appropriate judicial deference）の要請ということも含まれる。すなわち政府プログラムのデザインが、そのプログラムの運営の過程で生じるかもしれない憲法違反に対して、議会が十分な救済策と考えているところのものを用意していることを示唆している場合は、ビベンズ型訴訟による救済を認めるべきではないのである（at 2468）。

　議会が法律でもって用意した救済策には、精神的苦痛等に対する救済は含まれていないが、議会は、政府活動の能率性（governmental efficiency）と個人の権利とを受容できるような仕方で比較衡量したものと推定されるのである。またこの種の比較衡量の権能を、社会福祉の文脈において有していることは、他の行政分野以上に疑問の余地のないところである（at 2468-2469）。

　本件の請求人たちが味わった体験は、罪のない障害者である市民が直面するにはあまりにもひどいことだと、普通の感情を有する者なら誰しも思うに違いないようなことであろうし、われわれも本件で申し立てられている不法な行為（wrongs）の性質をとるに足りぬものにしたがっているわけではない。しかし議会も、この問題についてそれなりの対応をしてきたのである。その対応がベストの対応であったとわれわれが確信しようがしまいが、大量で複雑な社会福祉のプログラムを構成するにあたって不可避的に求められる妥協に責任を有する組織は、議会なのである（at 2470）。

(3)　デシャニー対ウィネベーゴ郡社会サービス局事件（DeShaney v. Winnebago County Department of Social Services）　最後に、児童福祉サービスに関する1989年のデシャニー対ウィネベーゴ郡社会サービス局判決（DeShaney v. Winnebago County DSS, 109 S. Ct. 998）である。本件は、D. ジョシュア（Joshua, 以下ジョシュア）という当時4歳の男児が、父親によって再三虐待を受け、その結果かなり重度の回復の見込みのない脳障害を受けた事件をめぐって起こされ

たケースである。事案は次の通りである。ジョシュア（1979年生まれ）は、両親の離婚後父親と共に暮らすことになった。父親は間もなく再婚したが、再婚相手ともすぐに離婚してしまった。ところが2回目の離婚の際、2度目の妻から警察に、ジョシュアが父親から虐待を受けているとの訴えがあったため、ウィネベーゴ（Winnebago）郡社会サービス局（County Department of Social Services）が父親と面接したが、父親はその事実を否定し、結局社会サービス局としては具体的な対応は何もとらなかった。ところがその約1年後の1983年1月、今度はケガでジョシュアが病院に連れてこられた。病院の医師は児童虐待の疑いがあると判断し、その旨社会サービス局に通告した。通告を受けた社会サービス局は、とりあえずジョシュアを一時的に病院の監護下に置くための命令を裁判所から得たうえで、正式の措置を決定するための会議を召集した。ところがその会議で、ジョシュアを父親から強制的に引き離すに足る虐待事実を示す十分な証拠がないと判断されたため、ジョシュアは父親のもとに戻されることになった（その際一時保護の命令は解除された）。その後もジョシュアが虐待を受けているのではないかとの通報が病院等から数回社会サービス局に対してなされ、同局はその都度ケースワーカーに訪問調査させた。その過程で、ジョシュアの身体に多くの打撲痕があること等虐待を疑わせる事実が担当ワーカーにより発見されたりしていたが、結局は、はっきりとした証拠がないということで具体的な措置は何もとられないで終わった。そしてついに1984年3月、ジョシュアは瀕死の状態になるほどの虐待を父親から加えられた。緊急の脳手術でかろうじて一命をとりとめたが、回復困難な脳障害が残ることになった。ジョシュアとその実の母親は、父親の暴力に対して十分な保護措置をとることをウィネベーゴ郡社会サービス局が怠ったことは、身体の安全に対する自由など修正14条のデュープロセス条項に基づく憲法上保障された権利を侵害するものであると主張して、正当な法の手続きによらずに憲法上の権利が剥奪されたことを理由に損害賠償を求める訴えを提起した。ところで「憲法上の権利の剥奪」の有無についての判断では、被告が原告に対して一定の義務を負っていたかどうかが問題となる。本件でもこの点が争点となったが、最高裁は、「積極

的義務と消極的義務」の区別、あるいは「自由な世界である私的領域と自由が制約される公的領域」の区別に基づく二元論等により否定的に解し、ジョシュア側の請求を退けた。判旨は次の通りである。

　私人の暴力から一般的に個人を保護することについての州（および地方自治体およびその職員）の懈怠は、デュープロセス条項の違反にあたらない。同条項は州に対して、一般公衆の構成員に十分な保護サービスを提供する義務を課しているわけではないからである。同条項は、安全および保障についての一定の最低レベルの保証（a guarantee of certain minimal levels）としてではなく、州の権限行使の制限としてフレーズされているのである。同条項は、州に対して、個人から生命・自由・財産を正当な法の手続きなしに奪うことを禁じているが、その文言を、それらの利益が他の手段を通じて侵されることのないようにする積極的義務を州に課していると読むことは明らかに不可能である（at 1003）。

　ジョシュアの危険について州が知っていたこと、あるいはかかる危険から彼を保護するという州の意思の表明が、積極的な憲法上の義務を設定するものであるとの上訴人（ジョシュア側）の主張は、根拠のないものである（at 1004）。特定の諸個人に対して州により設定された、あるいは引き受けられたある種の「特別の関係」が、デュープロセス条項により強行可能な十分な保護を提供する積極的義務をもたらす可能性はあるが、かかる積極的な義務は、当該個人の苦境についての認知や、その者を援助する意思の表明から生ずるのではなく、投獄、施設入所、その他個人の自由についての制約を通じて自己のために行為する自由に課された制限から生じるものなのである。かかる義務は、本ケースにおいては存在していない。なぜなら、ジョシュアが被った危害は、州が彼の監護を引き受けている間に生じたものではなく、父親——いかなる意味においても州の関係者（a state actor）ではない——の監護下にある間に生じたものだからである。州は、自由な世界において（in the free world）彼が直面していた危険に気づいていたかもしれないが、そう

した危険をより一層受けやすくするようなことをしたわけでもない。これらの事情のもとでは、州はジョシュアを保護するいかなる憲法上の義務も有していなかった（at 1006）。

3 マネージリアル・フォーマリズムの問題点

　以上、福祉問題に対する福祉権運動後のレンキスト・コートの判決を3つ取り上げたわけだが、これらの判決内容をみると、その考え方の基礎に次のような主張が存在していることがうかがえる。すなわち、①経済的不平等やその他の私的な危害に対して政府は責任をもたないし、またそれらの問題を解決するために何かをなす積極的な義務というものもない、②政府の諸政策の差別的インパクトについて政府は関知しない、③給付の取り止めや保護的措置の不作為は、当該プログラムを全く実施していなかった場合より状況を悪くしているわけではないので侵害行為にあたらない、といったことである。そして①は、私的領域と公的領域の区別や消極的権利と積極的権利の区別により、また②は政府の中立性により、さらに③は立法府・行政府の専門的裁量の尊重により、それぞれ正当化されている。とりわけ③については、その主張の背景に、制度を全く実施しない選択をなす権能には不十分なサービスしか提供しない「より弱い権能」が当然含まれる、という論理（greater power necessarily includes lesser power）が存在しているように思われるが、この論理は、実質的には「権利・特権」区分論と同じ結果をもたらすことになり看過できない問題を含んでいる。

　さて、こうしたレンキスト・コートのマネージリアル・フォーマリズムの考え方から、受給者の権利に関して引き出される帰結とは、いかなるものとなるであろうか。要約すれば次のようになろう。すなわち、貧困者など福祉受給者のニーズや権利をどう位置づけるかは、民主主義的プロセスにおける政治的政策的裁量の問題である。かかる問題については、国民の選挙に基礎を置く立法・行政部門が第一次的に判断すべき事柄であり、司法は基本的に無干渉的（hand off）態度をとるべきなのである。またかりに法令が、受給者のニーズや権利に言及していても、それが法的に執行可能となるのは、当該条文がその旨

明確にかつ義務的・命令的に規定している場合だけである。当然この立場においては、法令でおおまかに枠づけられた法の目的や価値を、不利な弱い立場にある者を助けるために解釈するという「改革の時代」に見られた裁判所の積極的な役割は弱まることになる。以上のことから、したがって、福祉受給者が法的救済を求めるためには、政治的プロセスを通じて明確な法準則と救済方法を規定する法令を打ちたてることが要求される。むろんこれは、他の者にも同様に要請されることなのだが、社会的にも政治的にも経済的にも力の弱い者にとり、この要求が何を意味するかは明らかであろう。

4 むすび

　福祉に対する公的責任や福祉受給権という観点からみた場合のマネージリアル・フォーマリズムの大きな問題点の1つは、政治的政策的裁量の入る余地がないほどに、法令でもって明確にかつ義務的・命令的に規定されている場合においてのみ、公的責任や権利性が承認され、それ以外の場合は立法府・行政府の完全なる自由裁量に服するという「権利か裁量か」の二者択一を迫り、その中間領域を一切認めないとする点である。たしかに、財産法的思考方式を基調とするフォーマリズムの立場からいえば、権利概念にそうした厳格性が要求されるのは当然のことであろうし、また専門性の尊重というマネージリアリズムの立場からすれば、広範な政治的政策的裁量が承認されることに何らの不都合もないばかりか、むしろ望ましいとさえいえるのかもしれない。また予算や人員といった資源の制約や福祉ニーズの個別性・多様性といったことを考えると、一定の裁量を認めざるを得ない側面が福祉の分野にあることも確かである。しかしそうなると、福祉の領域では結果として、社会保険などの一部の場合を除きその多くが、公的責任や受給権といったことを論ずる余地をふさがれてしまうこととなる。しかしこれは決してあるべき姿であるとは思われない。なぜならそうした事態は、福祉を恩恵的な特権としてみなしていたときと実質的には大差ないことになるからである。したがっていま求められていることは、かり

に一定の裁量を認めざるを得ないにしても「全か無か(権利か裁量か)」の二者択一でわりきってしまうのではなく、福祉に対する公的責任や義務を承認し、同時にそうした義務や責任を実行するうえでの立法・行政の裁量を認め、しかもかかる裁量を構造化(structuring)し枠づけるためのプロセスをかたちづくるといった、中間的方法の理論的検討作業を進めることである。

ところで、こうした課題に対してエンタイトルメント・モデルは十分に応えていけるであろうか。結論からいえば悲観的とならざるを得ない。というのは、その意図するところは全く正反対ではあるが、エンタイトルメント論とマネージリアル・フォーマリズムの論理構成には厳格性という点である種の同質性が認められるからである。つまりエンタイトルメントというのは、ライクの「新しい財産権(new property[17])」という考え方に示されるように、一種の財産法的思考方式に基づいて設定された概念であるため、その権利概念には、先の引用部分(「……最大限の安定性と独立性を保証するよう客観的に定められた適格性によって明細に記述されていなければならない」)にもみられるごとく厳格な規定性ということが強く求められている。この点で、柔軟な論理構成が求められる中間的方法とは本来的になじまない面があるといえるのである。ただし誤解のないよう付言すれば、エンタイトルメント・モデルがもはや不要になったといっているわけではない。制定法の範囲内で給付を受ける権利や手続的権利、さらにはプライバシーなどの市民的権利が問題になる場合には、きわめて有効なモデルであることには変わりはない。ここで問題にしようとしていることは、もともとエンタイトルメント・モデルの守備範囲とするには困難な領域の課題なのである。その意味で、上述したような中間的方法というのは、エンタイトルメント・モデルとは補完関係にあるアプローチ方法であるとみることもできよう。[18]

1) R. Rosenblatt, "Social Duties and the Problems of Rights in the American Welfare State" in D. Kairys ed., *The Politics of Law*, 2nd. ed. (Pantheon Books, 1990) pp. 92-93. なお本稿は同論文に負うところが多い。
2) E. Sparer, "The Role of the Welfare Client's Lawyer" 12 *UCLA Law Review*, 361 (1965); C. A. Reich, "New Property" 73 *Yale Law Journal*, 733 (1964); "Individual

Rights and Social Welfare" 74 *Yale Law Journal*, 1245 (1965).
3) Sparer, *op. cit.* (注 2), p. 362.
4) Reich, *op. cit.*, (注 2) p. 1256.
5) Rosenblatt, *op. cit.*, (注 1) p. 95; B. Sard, "The Role of the the Courts in the Welfare Reform" 22 *Clearinghouse Review*, 367 (1988) p. 371.
6) この時期の福祉裁判については、G. Cooper et al., *Law and Poverty 2nd, ed.* (West pub., 1973) が詳しい。なお邦語文献として米沢広一「福祉受給権をめぐる憲法問題(1)～(3)」『民商法雑誌』78巻 6 号 (1978年)、79巻 1 号、2 号 (1979年)、平松秀典『平等原則と司法審査』(有斐閣、1990年)、葛西まゆこ「エンタイトルメントとしての福祉」『法学政治学論究』61号 (2004年) などがある。
7) 392 U. S. 309, at 316-327.
8) 394 U. S. 618, at 633, 638.
9) 397 U. S. 254, at 261-263.
10) 397 U. S. 471, at 485-487.
11) 前述の 3 判決と同じ時期に何故こうした消極的な判決がでたのか。この点については、B. Sard の次の指摘が参考となろう。すなわち、平等保護条項を機能させるためには、訴訟の対象となっている利益が憲法上保護される基本的権利ないし利益と判断される必要があるが、この時期の最高裁――その積極主義的態度が保守派から批判されていたが――も、財政的影響が大きいとか、当該問題につき社会的コンセンサスがないとか、ワークインセンティブの問題がからんでいるといった場合には、当該利益を基本的利益と判断することについて一貫して消極的であったというのである (Sard, *op. cit.*, (注 5) p. 375)。
12) Rosenblatt, *op. cit.*, (注 1) pp. 96-97.
13) 本件では、州法ではなく連邦法の合憲性が争われたため修正14条ではなく修正 5 条違反が主張された。判例上 (ボーリング対シャープ判決 (Bolling v. Sharpe, 347 U. S. 497 [1954])、修正 5 条にも平等条項が含まれると解されている。
14) ビベンズ対ナルコティクス連邦 B. 無名代理人判決 (Bivens v. Six Unknow Named Agents of Fed. B. of Narcotics, 403 U. S. 388, 1971)。なおビベンズ判決およびビベンズ型訴訟に関しては、宇賀克也『国家責任法の分析』(有斐閣、1988年) 326-336頁参照。
15) 本件事案に類似するケースとして、いずれも控訴裁判所判決であるが、1983年のドウ対ニューヨーク市社会サービス局事件 (Doe v. New York City Department of Social Services, 709 F. 2d 782, 2d Cir.; ニューヨーク市社会サービス局が、その監護下にある児童につき児童虐待が行われていることを知りながら然るべき措置をとらなかったことを理由に、ニューヨーク市が 42 U. S. C. §1983 による責任を負うとされた事例) と、1987年のテイラー対レドベター事件 (Taylor v. Ledbetter, 818 F. 2d 791, 11th Cir.; 州および郡当局の担当者に里子の宅置につき重大な過失および故意的無関心があるときは、里子の憲法上の権利を剥奪したことにより §1983 に基づく責任を負うとした事例) がある。なお、後者の Taylor 事件については床谷文雄「最近の判例」[アメリカ法1990] 126頁で紹介されている。ちなみに、§1983 は、「……すべての州のあらゆる制定法、条例、規則、慣習も

しくは慣行の下で、合衆国の市民の憲法上、およびその他の法により保障された権利、特権または免責を剥奪し、ないしは剥奪せしめた者は、被害を受けた者に対して、普通法、衡平法上の訴訟および他の適切な救済手続において責任を負う」と規定されている条文で、同条に基づく訴訟形式は、地方自治体やその職員の不法行為責任を争う場合によく用いられる（詳しくは宇賀・前掲書（注14）321頁以下参照）。本件でも、この訴訟形式が用いられている。

16) A. Soifer, "Moral Ambition, Formalism, and the 'Free World' of DeShaney" 57, *George Washington Law Review*, 1513（1989）p. 1518.

17) （注2）参照。

18) 中間的方法については実はその後理論的検討がかなり進んできている。例えばJ. ハンドラーなどは、そうした方向での作業を精力的に行っている代表的な人物である（例えば、J. Handler, *Protecting the Social Service Client*（Academic Press, 1979; なお本書については、河野正輝「研究の課題と展望」佐藤進他編『講座社会福祉6 社会福祉の法と行財政』（有斐閣、1982年）が紹介を行っている; *The Condition of Discretion*（Russell Sage Foundation, 1986）; "Community Care for the Frail Elderly" 50 *Ohio State Law Journal*, 541（1989）など参照）。また、マネージリアル・フォーマリズムの命名者であるR. ローゼンブラット（Rosenblatt）自身も、「社会的義務モデル（social duty model）」という概念を用いてこの問題を論じている（Rosenblatt, *op. cit.*,（注1）pp. 104-108）。

Ⅱ
措置から契約へ
―新しい利用手続と公的責任―

第**3**章　福祉サービスの新しい利用手続
　　　―契約化と基準化アプローチ―

1　措置から契約へ

　1990年代半ばからのここ十数年間は、いわゆる「措置から契約へ」というフレーズに象徴されるように、福祉サービスの利用方式が大きく転換してきた時期であり、福祉サービスの権利をめぐる議論にとっても大きな節目となる時期でもあったと言えよう。福祉サービスの利用を契約によって行っていくという契約化の議論は、議論そのものとしてはかなり以前から存在していたと思われるが、契約による利用ということが政策課題として現実味を帯びた形で登場してくるのは、1994年 1 月の保育問題検討会の報告書のときからであろう[1]。その後、契約化の流れは、舞台を高齢者福祉の分野に移して大きく展開していくことになる。まず同年12月に、高齢者介護・自立支援システム研究会報告書（『新たな高齢者介護システムの構築を目指して』）が、措置制度に代わるものとして介護保険制度を提案する。それを受けて介護保険の制度化をめぐる動きが一挙に進み、高齢者福祉の分野においては「措置から契約へ」というフレーズが一般化しだし、1997年12月に介護保険法が成立することになる。こうした動きは、さらにいわゆる「社会福祉の基礎構造改革」へと引き継がれていき、1998年の中央社会福祉審議会社会福祉構造改革分科会報告（『社会福祉基礎構造改革について（中間まとめ）』）を受ける形で、2000年 3 月に「社会福祉の増進のための社会福祉事業法等の一部を改正する等の法律案」（「社会福祉事業法等の一部改正法」）が国会に提出され、同年 5 月末に可決成立した。この基礎構造改革および2000年の法改正で制度化された「支援費の支給方式」と呼ばれる新しい利用方式（施行は2003年 4 月）は、契約化の流れを高齢者福祉以外の障害者福祉の分野に

も広げ、福祉サービスの利用方式を全体として「措置から契約へ」と転換させていく役割を担った。そしてさらにこの支援費支給方式の後を受けて登場したのが、障害者自立支援法（2005年）により制度化された同じく契約方式をとるところの「自立支援給付方式」（介護給付、訓練給付を対象とする場合・以下同じ）である[2]。

　ところでこうした展開に接してみて、気になる点が1つある。それは、そうした「措置から契約へ」という動きの中に、契約化のための手続きさえ導入できれば、福祉サービスの利用しづらさにかかわるすべての問題が予定調和的に一挙に解決できるかのような雰囲気が感じられることである。社会保障法学では、福祉サービスの利用手続の利用しづらさや、権利性の弱さをこれまでしばしば問題にしてきた。そしてかかる問題に関していかに対処していくべきかについてそれなりの議論の蓄積もしてきた[3]。そうした経験に照らしてみると、「契約化のための手続きさえ導入すれば、すべての問題が予定調和的に一挙に解決できる」ほど、福祉サービスの利用手続や福祉の権利の問題は簡単な問題ではないという思いがどうしてもぬぐいきれないのである。

　福祉サービスの利用のしづらさや権利性の弱さをめぐって問題とされてきた事柄は、措置から契約へというこの間の展開の中でどれだけ解決されたのだろうか。残された課題というのは存在していないのだろうか。本章では、こうした観点から、契約化の流れの中で導入されてきた新たな利用手続について検討を加えてみることにしたい。

2　福祉サービスと利用手続——その種類について

　まず、この間の福祉サービスの利用方式の転換を求める動きの中で、どのような利用手続が新たに導入されてきたのかについて確認しておくことにしたい。
　第1に、1997年の児童福祉法の改正により1998年4月から導入された保育所の利用手続である（図表3-1）。これは、保護者が各保育所に関する情報を十分に得た上で希望する保育所を選択し、行政の側はかかる保護者の申し込みに

第3章 福祉サービスの新しい利用手続

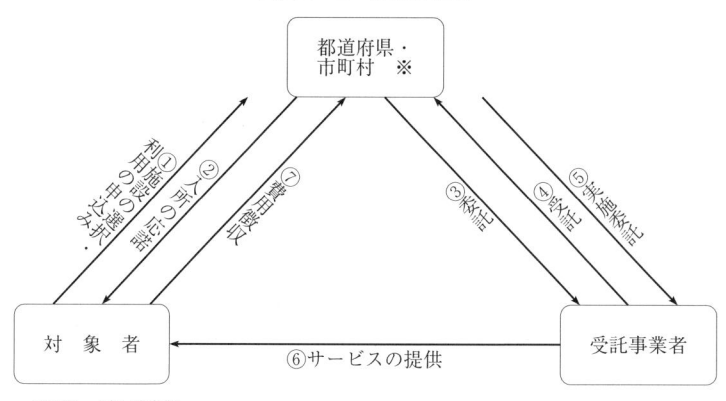

図表3-1 保育所方式

```
              都道府県・
              市町村　※
         ↗    ↑  ↓  ↑    ↖
    ①利用施設の申込み・選択
    ②入所の応諾　　③委託　④受託
    ⑦費用支払　　　　　　　⑤費用支出

  対 象 者 ←────⑥サービスの提供──── 受託事業者
```

（出所）　厚生省資料。
※　保育所の場合は、市町村。助産施設及び母子生活支援施設の場合は、都道府県、市及び福祉事務所を設置する町村。

対して、所定の要件を満たしているかどうかを判断した上で入所の応諾を行うという、利用者と行政との間の一種の行政上の契約として構成される利用方式である。ただし、1つの保育所に対する申し込みが集中した場合などには、優先度の高い児童が保育所に入所できない事態が生じないよう、申し込みは従来どおり市町村に行うこととされており、また市町村は申し込みについて入所の要否の認定を行い、保育サービスの提供義務を負うことになっており、従来の措置制度の枠組みをかなり残しているとみることもできる。なお、2000年の社会福祉事業法等の一部改正法に伴う児童福祉法の改正により、2001年4月からは母子生活支援施設と助産施設にも、この利用方式が拡大されることになった。

第2は、2000年の4月から具体的な制度運用がはじまった介護保険の利用手続である（図表3-2）。保険制度にすることにより、介護サービスも医療保険における医療と同じく権利性が明確になり、また具体的なサービス利用にあたっても、医療機関を選択するのと同じように、自ら選択したサービス提供者と直接契約を結んで対等な立場で利用することができるようになるというのが、この利用方式導入のねらいである。ただし、医療保険の場合のように、被保険

図表3-2 介護保険方式

```
                    市町村
                   （保険者）
                   ／│  │＼
        ①保険料負担／②│  │⑨介護給付費の支払い
        ②申請   ／  │  │  （代理受領方式）
        ③要介護認定／③│  │⑧請求
              ／    │  │    ＼
        利用者 ←④サービスの利用申込み→ 指定事業者
              ←⑤契約締結→
              ←⑥サービスの提供→
              ←⑦自己負担分（応能負担）の支払い→

                                    都道府県
                                      │
                                    指定
                                      ↓
                                  指定事業者
```

（出所）厚生省資料。

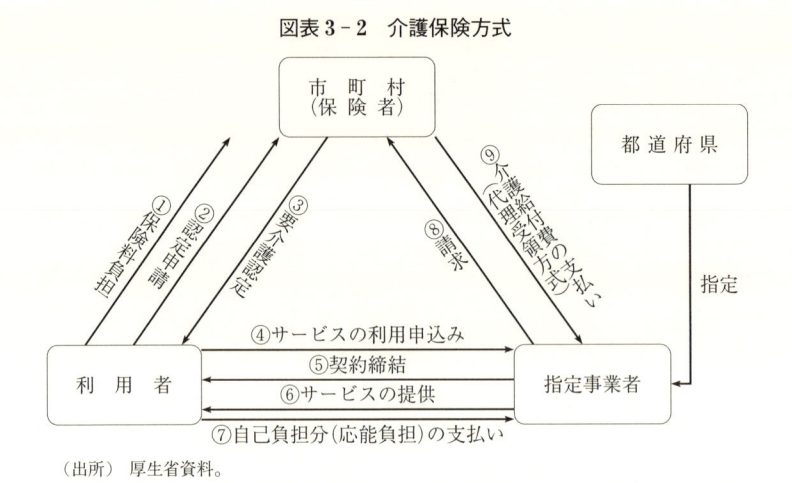

者がなんらかの医療の必要性を自覚したときに自由に医療サービスを選択するのとは異なり、介護保険の場合には、介護を「必要」とする者は、保険者（市町村）により要介護認定を受け、その認定された程度（給付限度額）を前提として、必要な介護保険サービスを選択するという、一定の前提条件の下での利用システムとなっている。

　第3が、社会福祉の基礎構造改革を通じて導入されることになった支援費支給方式である。これは、利用者が支援費の支給を受けてサービス提供者と直接利用契約を結ぶもので、具体的には、図表3-3にみられるように、まず利用者が、指定事業者に利用の申し込みを行い、さらに、サービス利用のための支援費を受けようとするときは、市町村に申請をする。申請を受けた市町村は、申請者の障害の種類および程度を勘案して支援費の支給の要否を決定する。そして支給決定を受けた者が、当該福祉サービスを利用した場合には、市町村は利用者に対してサービスに要する費用から自己負担額を控除した額を支援費として支給する、というものである（ちなみに自己負担額は、利用者本人および扶養義務者の負担能力に応じて決められる）。直接的な利用契約制度という点で、介護保険方式と共通するが、財源が保険方式ではなく租税である点、利用者負担が

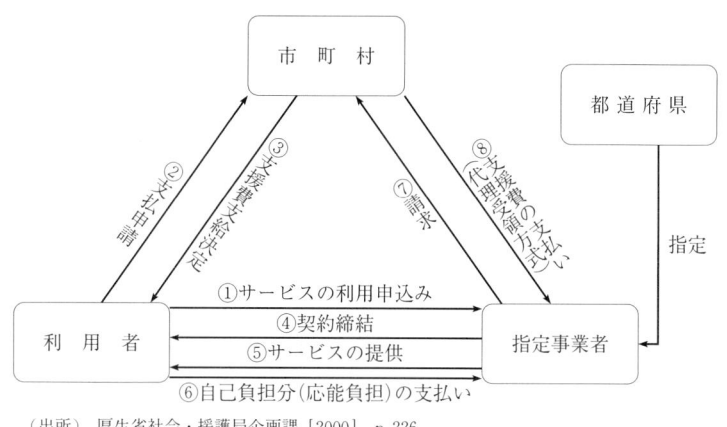

図表3-3 支援費支給方式

```
                    市 町 村
                   ／    ＼
              ②申請  ③支給量決定  ⑦請求  ⑧支援費の支払い（代理受領方式）
              ／                              ＼
         利 用 者                              指定事業者 ← 指定 ← 都道府県
              ①サービスの利用申込み
              ④契約締結
              ⑤サービスの提供
              ⑥自己負担分（応能負担）の支払い
```

(出所) 厚生省社会・援護局企画課 [2000]、p.226。

応能負担である点、介護認定審査会のような特別の審査機関がない点など、基本的なところでの違いもみられた。

そして第4に自立支援給付方式である（図表3-4）。この方式は、個人が自らサービスを選択し、それを提供者との契約により利用することを基本とし、その費用に対して提供されたサービスの内容に応じ、利用者に着目した公的助成を行うという点では、「支援費支給方式」と共通している。しかし、精神障害も含めて障害種別にかかわらずサービスの一元化が図られたことに加え、①支援の必要度に関する客観的な尺度を開発し、それに基づく決定を行う、②中立的な第三者機関である審査会を市町村に設置し、市町村が作成する支給決定案に対し、意見を述べられるようにする、③利用者負担が応益的な定率負担（利用量に応じた負担。但し所得による上限設定あり）となったことなど、支援費支給方式と大きく異なっている点もみられる。さらにこの他、障害者のニーズに即した効果的な支援を行えるよう、ケアマネジメントの手法を導入したことなども支援費制度との違いと言えよう。

ちなみに、これらの新しい利用方式が導入されたからといって、もちろん措置制度がなくなるわけではない。児童福祉法に基づく要保護児童を対象にした

Ⅱ 措置から契約へ

図表3-4 自立支援給付支給決定までの流れ

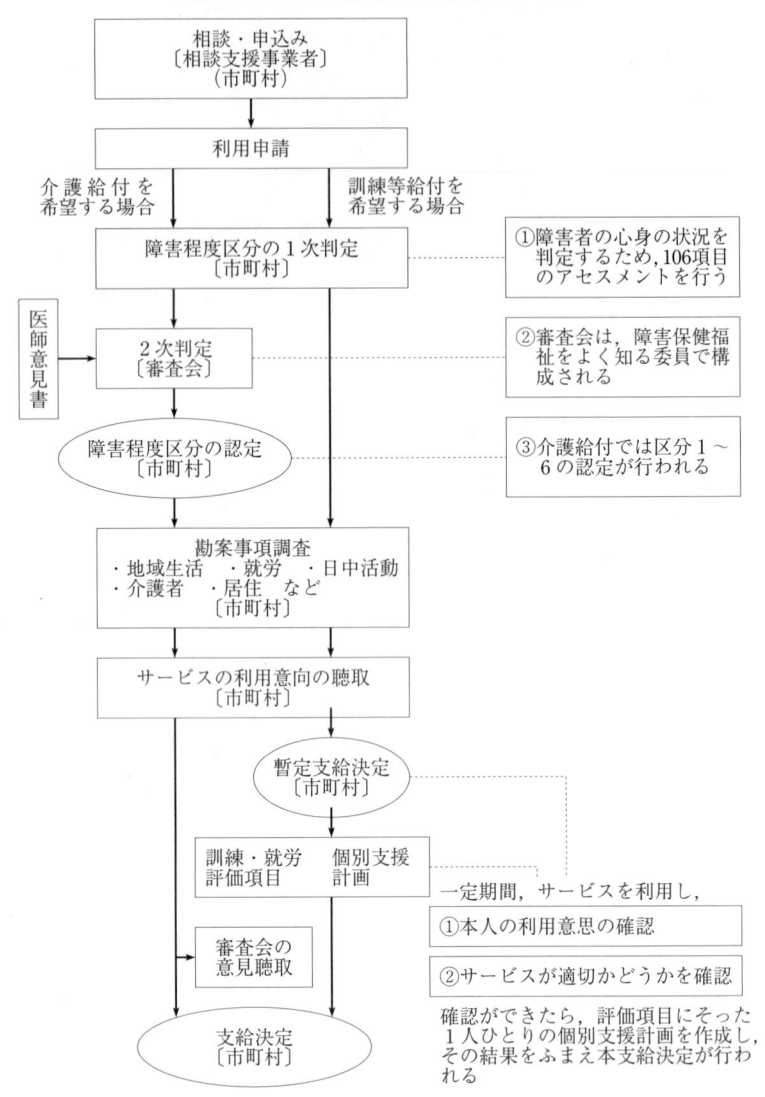

```
         ┌─────────────────┐
         │  相談・申込み      │
         │ 〔相談支援事業者〕  │
         │   （市町村）       │
         └────────┬────────┘
                  │
         ┌────────┴────────┐
         │    利用申請       │
         └────────┬────────┘
       介護給付を      訓練等給付を
       希望する場合    希望する場合
                  │
         ┌────────┴────────┐        ┌──────────────────┐
         │ 障害程度区分の1次判定│········│①障害者の心身の状況を│
         │    〔市町村〕      │        │ 判定するため，106項目│
         └────────┬────────┘        │ のアセスメントを行う │
                  │                  └──────────────────┘
  ┌───┐ ┌────────┴────────┐        ┌──────────────────┐
  │医 │ │    2次判定        │········│②審査会は，障害保健福│
  │師 │─│   〔審査会〕       │        │ 祉をよく知る委員で構│
  │意 │ └────────┬────────┘        │ 成される           │
  │見 │          │                  └──────────────────┘
  │書 │ ┌────────┴────────┐        ┌──────────────────┐
  └───┘ │ 障害程度区分の認定 │········│③介護給付では区分1～│
         │   〔市町村〕       │        │ 6の認定が行われる  │
         └────────┬────────┘        └──────────────────┘
                  │
         ┌────────┴────────┐
         │   勘案事項調査     │
         │ ・地域生活 ・就労 ・日中活動│
         │ ・介護者 ・居住 など│
         │   〔市町村〕       │
         └────────┬────────┘
                  │
         ┌────────┴────────┐
         │ サービスの利用意向の聴取│
         │   〔市町村〕       │
         └────────┬────────┘
                  │
              ┌───┴───┐
              │暫定支給決定│
              │〔市町村〕  │
              └───┬───┘
                  │
         ┌────────┴────────┐
         │訓練・就労  個別支援│    ┌──────────────────┐
         │評価項目    計画    │    │一定期間，サービスを利用し，│
         └────────┬────────┘    │①本人の利用意思の確認│
                  │              │②サービスが適切かどうかを確認│
         ┌────────┴────────┐    └──────────────────┘
         │   審査会の意見聴取 │    確認ができたら，評価項目にそった
         └────────┬────────┘    1人ひとりの個別支援計画を作成し，
                  │              その結果をふまえ本支給決定が行わ
              ┌───┴───┐        れる
              │ 支給決定  │
              │〔市町村〕  │
              └───────┘
```

(出所) 秋元美世他編『社会保障の制度と行財政（第2版）（社会福祉基礎シリーズ⑪）』（有斐閣、2002年）。

入所施設（児童養護施設、児童自立支援施設など）への入所や老人福祉法に基づく養護老人ホームへの入所、生活保護法に基づく保護施設への入所は、これまで通り措置手続によることになっており、また、介護保険方式などに変更になったものについても、やむを得ない事由により、それぞれの利用方式によるサービスの利用が著しく困難な場合（例えば高齢者虐待などの問題がからんでいる場合など）には、措置手続によるサービス提供を行うことができるようになっている（老人福祉法10条の4および11条1項2号などを参照）。

3　福祉サービスの利用手続と権利性

ところで、このようにして新たに導入されてきたこれらの利用方式は、「福祉サービスの利用者の権利」という観点からみると、どのように評価できるのであろうか。一般に、福祉サービスの利用関係を確定していくプロセスというのは、次のような3つの問題を取り扱う過程を経て具体化されていくと考えることができる。すなわち、第1に、「要保障性があるかどうか」という問題であり、第2に、「どの程度の要保障性であるか」という問題であり、第3に、そのようにして確認された要保障性に対して「どのように応じていくか」（つまり、要保障性の充足の仕方）に関する問題である。福祉サービスの利用方式を、権利性という点から評価するにあたっては、これらの3つの問題について、当該利用方式がどれだけ対応できるものになっているかが、具体的な評価にあたってのポイントになってくるものと考えられる。

こうした観点から措置制度についてみてみると、これらのいずれの点についてもきわめて不十分な対応しかできていないというのが、この間の制度改革の過程での評価であった。[4]つまり、現行の措置制度は、サービスを実施するかどうか、また、サービスの実施にあたりその提供主体をどうするか、どの程度のサービス量を提供するか等について、行政庁が一方的に決定する仕組みであり（措置制度の「職権主義」的性格）、対象者にサービスを請求する権利がなく、また対象者がサービスの実施主体を選択することもできないというのである。も

ちろんこうした職権主義的性格をめぐる問題の存在は、基礎構造改革の議論がなされるようになってはじめて論じられたものではなく、以前から社会保障法学において課題として認識されてきた。そして、措置制度を権利保障の視点から解釈しようとする立場からは、例えば、サービスの受給資格の認定の問題とサービス内容の問題とを区別して解釈することで、受給資格をめぐる権利関係をより明確なものにするという議論とか、オンブズマン制度などの新しい権利救済制度の提言など、職権主義を克服するための法解釈や政策提言なども積極的に試みられてきた。しかし、現実の行政による措置制度の職権主義的な運用や解釈の壁は容易には崩れなかった。例えば、ホームヘルパーの派遣回数の適否が争われた裁判の判決においても、「実際問題として、派遣の需要に対して派遣の供給余力が不足する場合には、少なくともその時点での判断としては、限られた財源、人的資源を派遣の希望者にどのように割り振って配分するかの問題にもなり得るのであって、このような判断は、その相当部分は、……市町村の担当者、本件においては被告福祉事務所長の裁量に委ねられているものというべきである」として、行政の判断の優越性が強調されている。したがって措置制度が本質的に職権主義的であるのかどうか、あるいは権利保障の立場からの運用や解釈が本当に不可能なのかどうかはさておき、現実の措置制度の運用や解釈に職権主義的な問題がみられることは否定できないところであった。

　それでは、この間新たに登場してきた新しい利用方式についてはどうであろうか。まず保育所の利用方式の場合は、基本的に行政が要保障性（要保育性）に関する認定判断を行った上で入所の決定を行うという枠組みが維持されており、要保障性の有無および程度の問題について言えば、従来の措置制度と本質的に異なるものではないとみることができよう。ただし、要保障性の充足の仕方の問題に関しては、保護者による保育所の選択を、原則として承認することにしており（ただし募集枠をオーバーしたときは従来の措置制度と同じく要保障性の程度にそって行政が入所児童を決定することになる）、保育所に関する情報提供義務を行政に課しているなどのことも考えあわせると、利用者の権利を保障する方向での変化もそれなりに認められる。

次に、介護保険の利用方式であるが、これは措置制度とはかなり違うものとなっている。まず、要保障性の有無および程度の問題については、要介護認定の過程で決められていく。その決定権限は、措置制度と同じく形式的には市町村にあるわけだが（但し保険者としてという点で措置制度とは異なるが）、実際には「介護認定審査会」という専門家を中心とした合議体が認定判断を行うことになっており、さらに、認定基準も全国一律の客観的な基準として設定されており、公正さや客観性を担保するための仕組みが組み込まれているという点で、行政庁が裁量的判断に基づいて一方的に決定する措置制度とはかなり違ったものとなっている。とくに、要保障性の程度に関しては、要介護度というランク分けがなされ、自分がどの程度の要保障性にあると認定されたのかが分かる、透明性の高い仕組みになっている。さらにサービスの充足の仕方に関する問題についてみると、利用者が主体的な判断と決定に基づいて、サービス提供者と直接利用契約を結ぶことでサービス内容が決まることになっており、サービス内容について行政が決定するという構成をとっている措置制度とは決定的に異なっている（実際には介護支援専門員と相談しながらケアプランを作成する場合が大半だが、その場合でも制度上、最終的にサービス内容を決めるのは利用者ということになっている）。

さらに支援費の支給方式についてみると、この方式は、個人が自らサービスを選択し、それを事業者との契約により利用することを基本とし、その費用に対して利用者に着目した公的助成を行うというものであり、介護保険方式と同じく、利用者の選択を保障するものとなっている。ただし介護保険方式に比べて決定基準が不明確であるとか、介護認定審査会のようなシステムがなく、決定についての公平性・専門性を担保する面が弱いなどの問題も存在していた。もっともこうした問題については、障害者自立支援法に基づく自立支援給付方式において基準の明確化や市町村審査会の設置などの措置が講じられることとなり、一応の対応策がとられている。

さて、措置から契約へという流れの中で登場してきたこれらの新しい利用方式（但し保育所の利用方式を除く）の対応の仕方のポイントをまとめるならば、

次のようなことになろう。

　まず、要保障性の有無および程度の問題（いわゆる受給資格の問題）を扱う過程と、提供されるサービス内容に関わる要保障性の充足の問題を扱う過程とが制度的に分けて構成されている。このことにより、法律上の要件に該当しているかどうかなど、行政の判断行為を介在せざるを得ない領域の問題と、基本的にサービス利用者の選択を優先できる可能性のある領域の問題とを分けて論じることができることになった。その上で前者について、たとえば介護保険の場合のように、基準化を通じて判断過程の客観化を押し進め、可能な限り行政庁の裁量が機能する部分を限定していく。そしてこうした客観化・透明化が進めば進むほど、要保障性の有無や程度に関する判断の予測可能性が高まり、利用者の側でも判断に疑問があればそのことに対する異議申立がしやすくなっていく（苦情申立や訴訟の提起）。他方、要保障性の充足の仕方の問題（サービス内容の問題）については、どんなサービスが必要なのかは本人が一番よく知っているという観点から、サービス提供主体との直接的な利用契約の設定（つまり契約によるサービスの利用）を認めることを通じて、本人が求めるサービスを自由に選択できるようにした。

　以上のことは、措置制度の下で権利保障のために提案されていた基準化の考え方（すなわち、サービスの受給資格の認定の問題とサービス内容の問題とを区別して解釈することで、受給資格をめぐる権利関係をより明確なものにする）を、より徹底させるかたちで具体化したものとみることができる。そしてその上で、さらに契約によるサービスの利用の仕組みをつなげたものということができよう。「行政庁が一方的に決定する仕組みで権利関係が明確でない」とか「利用者の側に選択権が認められていない」などといった、措置制度に関して言われてきた問題点に、それなりの対応策を示しえている点については評価されるべきであろう。ところでこのようにみてくると、新しい利用手続に関するこの間の動きの中でポイントとなっていたのが、基準化という点にあったことがわかる。つまり、社会保険の仕組みを導入するためにも、また契約制度を導入するためにも、権利関係（とりわけ要保障性の有無や程度をめぐる関係）が明確となるよう

な枠組みが不可欠であるわけだが、そのことを実現する上で主要な役割を果たしているのが、「基準化」という方策であったのである。そこで次に、この基準化の問題に少し目を向けてみることにしたい。

4　「基準化」と福祉の権利

　福祉サービスにおける権利保障の手だてとしての「基準化」という問題を考えていく際に、まず押さえておかなければならない問題として、福祉サービスにおけるニーズの問題がある。

　福祉サービスにおいては、よく、「需要はあるがニーズがない」とか、「需要はないがニーズがある」といったことが言われることがある[6]。例えば、昔気質の高齢者が、行政の世話になるのは潔しとしないため、訪問看護を望んでいなかったとしても、本人の身体状況によっては訪問看護が必要なことがあるかもしれない。こうした場合、サービスの要求としての需要は表出されていないものの、サービスの必要性としてのニーズは存在していると考えられるのである。逆に、ホームヘルプを受けたいと思っている人がいても、その人の健康状態を考えればホームヘルプは不要であるかもしれない。この場合には、要求としての需要は表出されているが、必要性としてのニーズはないということになる。このように、福祉におけるニーズには、その必要性の判断が、当事者の判断を超えた社会的判断によって行われるというところがある。逆に言えば、こうした社会的判断を経てはじめて社会福祉ニーズとしての社会的な承認を受けることになるのである。そしてこのことにかかわって、権利論の観点からみて重要な意味をもってくるのが、この社会的承認のされ方いかんが、福祉の権利（より具体的には福祉サービスの利用者の権利）の内容を大きく左右することになるという点である。

　やや図式的な説明の仕方になるが、前近代的な救済事業（慈善事業）と近代的な福祉サービスとを分かつ違いとして、近代的な福祉サービスでのビューロクラティックな行政制度（bureaucratic administration）と専門家主義（professionalism）の登場が挙げられることがある[7]。すなわち、慈善事業の段階では、どういう者を救済するのか、またどのような救済をあたえるのかは、救済を与える側が自由に決めることができ、極端な話、救済する側のその時の気分次第で恣意的に決められてもけっしておかしくないというのが、この段階の制度の特徴でもあった。そのため、そこでのサービス要求の社会的承認のされ方はきわめて不確かなものとならざるを得ず、法律関係とか権利とかの問題が議論として出てくる余地はなかった。これに対して、近代的な福祉サービスでは、公行政の一環として位置づけられることになり、サービス要求に対する社会的承認は、専門性を備えた行政官による法の適用の過程として行われることになる。この過程は、2つのレベルでその正当性を主張することができた。すなわち、第1に、行政官による法の公正な執行という手続的正当性であり、第2に、専門的知識の適用という実体的正当性である。かくして近代的な福祉サービスにおいては、サービスを受ける側から、法に基づいた公平な取り扱いや、法に定められている内容の給付を受け取ることを、法律問題として、あるいは権利の問題として論じる道が開かれることになったのである[8]。もっともここで注意を要するのは、法の公正な執行とか専門的知識の適用というのは、そう単純に機械的に行えるようなものではなく、実際にはきわめて複雑な作業とならざるを得ないという点である。すなわち、当の問題となっているのが、個別性や多様性をその本質的な特徴として有する福祉ニーズであるため、法で規定できる事柄はどうしても大枠的なことにとどまらざるを得ず、具体的な執行はかなりの部分、行政の判断にまかされることになってしまいがちなのである。しかも問題なのは、この行政の判断とサービスを受け取る側の考えとの間にズレが生じる余地は常にあるにもかかわらず、そうしたズレを調整するための物差しとして用意されているのが、多くの場合一般的な枠組みを定めているにすぎない法の規定だけであるために実効性を期待できず、だいたいが行政の判断が優越するという結果に終わってしまうという点である。こうなってくると、しばしば措置制度に関して指摘されたように、行政庁が一方的に決めたことを受け入れるだけでしかなく、権利関係も存在しないに等しいということになってしまう。たし

かに、前近代的な慈善事業と比較するとき、ビューロクラティックで公平な行政制度と専門家主義の存在が、サービス要求の社会的承認の仕方を、法律問題や権利問題として論じられるように転換させていく大きな力となったわけだが、皮肉なことに今度はそれらが、権利保障の実効性を阻害する大きな要因となってしまっているのである。

　ところでこうした問題は、いわゆる行政裁量の法的コントロールの問題としてこれまで検討が加えられてきた課題であった[9]。

　一般に基準化には、「行政の法的責任の明確化とそれによる裁量の恣意的行使の排除」という機能があると考えられている。したがって、権利領域の画定と法的統制及び司法救済の確実性ということから、基本的には、基準化しその決定過程も手続き的に厳格に保護・保障していくことが望ましいと考えられる。ところがこうした基準化の意義が他面では、福祉行政の分野に過度の厳格性や硬直性といった問題をもたらすことにもなっている点もみのがしてはならない。また、社会的コンセンサスの実体のない事柄については、基準化が一般に困難であるという問題もある。以上のことを前提にして、基準化をめぐっては、次のような方向で基本的に問題を整理していく必要があると考える（なお、この点については、既に本書第2章第4節において論じた点であるが、論述の都合上あらためて要点のみ以下にまとめておくことにする）。

　まず第1に、明細に基準化できる、あるいはすべきものを確定するということである（多様かつ変動しやすい福祉ニーズといえども、基本的な需要についてはそれなりに規格化し範疇化していくことは可能だと考えられる）。

　第2に、緩やかな基準による枠組みの設定という方向性である。柔軟な対応を必要とする規格化しがたい福祉利益や、ミニマム保障として社会的コンセンサスが得られる迄には熟していない福祉利益については、厳格基準を適用することには困難なところがある。しかしここで留意しなければならないのは、「完全で詳細な基準の設定」か、さもなければ「基準の断念」かといった二者択一的な思考方法をとるべきではないという点である。例えば、このレベルの問題についても、比較的緩やかな基準（つまり裁量行使の大まかな枠組みとしての

基準）を設定することは可能であるし、実際にもそのように設定されている場合が数多く存在しているのである。そしてそうした枠組みの中で、ケース・ローの形成と同様に、行政実例を蓄積・公開し、漸次充実した基準に近づけていき、法規化すべきものは法規化していく、といったやり方は十分可能な対応なのである。

　第３に、ワーカーの専門的な技能や知識が高度に要求されるクリニックサービスなど、事物の性質上、専門家としてのワーカーにフリーハンドに近い判断権を認めているような場合の裁量については、基本的には、専門家集団の内部規律の問題とせざるを得ないと思われる。ただしその場合であっても、専門性が安易に主張される傾向があるということ、そして真に専門性の問題であっても、ガイドラインあるいは倫理綱領というようなかたちで、ある程度の客観化は可能であるということは確認しておく必要があるかと思われる。

　それでは、介護保険の要介護認定の仕組みを、以上みてきたような基準化をめぐる議論に照らし合わせるとすると、どのように整理することができるであろうか。

　さきに述べておいたように、福祉サービスの利用関係の確定プロセスを、「要保障性があるかどうか」という問題と「どの程度の要保障性であるか」という問題と「要保障性の充足の仕方」の問題の３つの問題に分けて考えるとき、介護保険の要介護認定のシステムというのは、前二者の問題（要保障性の有無と程度の問題）について明らかに基準化の方策を通じて権利関係や法律関係の明確化を図っているとみることができる。周知の通り、介護保険における介護サービスの必要度の判定は、コンピュータによる１次判定と、それを原案として保健医療や福祉の学識経験者等が行う２次判定の２段階で行われている。１次判定のコンピュータシステムは、訪問調査の項目ごとに選択肢を設け、調査結果に従い、それぞれのお年寄りを分類していき、「１分間タイムスタディ・データ」[10]の中からその心身の状況が最も近い高齢者のデータを探し出して、そのデータから要介護認定等基準時間を推計するというものである。そしてこうした基準の文字通り機械的な適用によって、要保障性の有無と程度（要介護度

1から5までの5ランクと要支援1と2の都合7つにランクが分けられる）が確定されていくのである。このシステムの最大の特徴は、客観的で公平な判定を行えるようにするということを目的として、「家族がどの程度介護にあたれる状況にあるか」など、規格化することが難しい部分は考慮することをしないという選択をあえて意図的に行っているという点である。つまり、基準化できない個別的事情については、ある意味で切り捨てることになっても仕方がないと割り切ることで成り立っているシステムなのである。たしかに専門家による2次判定で、基準の運用に関しての調整が行われる仕組みにはなっているが、これは、基準化の対象となった本人の身体的機能と関わる部分で、通常の基準の適用（コンピュータによる1次判定）では見切れなかった問題に対応するためのものであり、その意味ではあくまで基準の適用を前提にして用意されているものであって、「基準化できない部分をどうするか」という発想から出ているものではないのである。このようにみてくると、介護保険の基準化の方策は、「完全で詳細な基準の設定」か、さもなければ「基準の断念」かといった二者択一的な発想を意図的にとっているとも言える。そしてこうしたやり方は、福祉ニーズの基準化のあり方という観点からすると、必ずしもバランスのとれた基準化とは言えないであろう。しかし社会保険というシステムにのせていくためには、こうした割り切り方をすることが必要だったことも確かである。

5　若干の検討課題

1　個別的な事情をめぐる問題

　介護保険制度では、要保障性（すなわち福祉ニーズ）の有無と程度の問題を保険制度の問題として取り扱えるようにするために、要保障性をいくつかのランクに類型化することを行った。そのことを可能にしたのは、客観化・規格化しがたい問題については射程外とするという選択をあえて行い、コンピュータによる判定という、ある意味できわめて客観的で公平な処理を行えるようにしたからである。そして結果として、介護保険の認定や給付に関する法律関係は明

確なものとなり、権利性の問題についても保険給付の問題としてもきわめて明確に論じることができることになった。

ところで、このように保険制度にのせるためになされた客観化・規格化の意義は認めるとしても、なお問題として残るのは、「家族介護のある・なし」など本人の身体状況以外の事柄ということで射程外の問題とされた個別的な事情というものを、切り捨ててしまったままでよいのかという点である。こうした個別的事情というのは、必要とされるサービスの程度を（したがってその人の有する実際の福祉ニーズの量を）、現実には大きく左右するものであることは、説明するまでもないことであろう。措置制度というのは、この辺りの事情・要素も踏まえて、要保障性の有無と程度について判断を行おうとしている制度であった。ただしこのことは、ある意味で、客観的な物差しをあらかじめ用意できない部分が残らざるを得ないということをも意味した。そして結果として、認定にあたる行政の専門的な裁量に任せるということになり、権利性が不明確なものとなってしまったという面のあることも否めないところである。介護保険は、そのことも踏まえて、あえてそうした部分を考慮に入れないという選択をしたのである。もっとも、規格化しがたい個別的事情についても基準化するやり方がまったくないわけではない。それは、あらかじめ保険による支給限度額を、現行のものよりもかなり高めに設定しておくことで余裕をもたせ、その余裕の中で個別的事情に対応できるようにすることである。しかし、この場合、そうした個別的事情が生じていないケースについては、本来の福祉ニーズを超えた部分についても保険給付を行うことになり、保険財政という観点からも、また基準の合理性という点からも、現実には不可能な選択肢であろう。結局、社会保険のシステムにのせる以上、規格化になじまない事情は考慮に入れないとして割り切るほかない、ということになってこざるを得ないことになる。

それでは、守備範囲ではないとして割り切るとして、切り捨てられた個別的事情の部分はどうすべきであろうか。1つの選択肢としては、さらに割り切って自助努力に委ねるということが考えられる。具体的には、介護保険の支給限度額を超える部分については、個人が有料でサービスを確保するというように

するのである。実際、福祉サービスの市場化論では、こうした考え方をする傾向が強い。また現実の介護保険の制度設計や運用にも、かなりの程度こうした発想が見られる。しかし、そうした必要なサービスを購入する金銭の余裕がない場合はどうするのか。そういう場合には、ボランタリーセクターや公的セクターなど低額ないし無料でサービスを提供してくれるところに援助を求めるということになろう。しかしこうした援助を誰が手配するのか。自分でできれば問題はないが、それができる人は現実には少数であろう。こうした役割をケアマネジメントに期待する向きもあるが、現行のケアマネジメントは、あくまで介護保険の枠内で機能するものであり、介護保険の守備範囲外の問題をどうするかを論じているこの場合には、そもそも制度的にあてにすることができない関係にある。もちろん個別的にはそこまで対応するケアマネージャーもいるかも知れないが、それは制度を離れたマネージャーの個人的な対応であり、制度的に期待できる性格のものではない。

　ではこうした問題についてどう考えていけばよいのであろうか。この問題は、実は、「何を福祉ニーズとして捉えるのか」という問題にかかわってくる問題なのである。前述したように、介護保険の要介護認定のプロセスというのは、何が要保障性のある需要——すなわち福祉ニーズ——であるかを社会的に決めるための過程である。したがってそうした承認システムである要介護認定において、射程外とされた個別的な事情であれば、そうした事情は、社会的な対応をなすべき福祉ニーズとして位置づける必要はないと考えることもできそうである。そしてそう考えられるのであれば、それらを自助努力に任せてなんら問題はないとも言えそうである。しかしそのように問題を処理していくことは、この場合、決して妥当なことではない。ここで問題にしている個別的事情は、要保障性がないから射程外とされているわけではなく、規格化しがたいという外在的な要因により結果として考慮の対象とされていないだけだからである。つまり、こと介護保険の要介護認定に関しては、ニーズ承認のためのシステムとしてのその成り立ちからいっても、要介護認定で確認されたものだけを介護ニーズとしてとらえるのは適切なことではないのである。そうであるなら、介

護保険の要介護認定のプロセス以外に、射程外とされた個別的事情を福祉ニーズとして社会的に認識するためのチャンネルを用意することが、そして、お金があろうとなかろうとかかるニーズが充足される手だてを用意することが、きわめて重要な意味を持ってくることになる。しかし残念ながらこれまでのところ、この問題についての検討はほとんど手つかずの状態にある。対応策として1つ考えられることは、ケアマネジメントの段階でこのような問題を、公的な責任をもって——具体的には市町村がこの責任を担っていくべきであろう——処理できるようにすることである。しかし現行のケアマネジメントは、前述のごとくそうした役割を果たせるものとなっていない。こうした問題についての市町村の責任の問題も絡めながら、ケアマネジメントの位置づけをあらためて検討し直す必要があるように考える。[11]

2 利用者の選択権をめぐる問題

　介護保険制度などの新しい利用手続では、直接契約制度が取り入れられ、利用者の選択権に委ねることが可能となったとされている。しかしこの点に関しては、いくつか気にかかることがある。1つは、本当に本人の選択だけで済ますことができるのか、福祉サービスの専門性ということにかかわって問題が出てくることはないか、ということであり、またもう1つは、要保障性の充足の仕方の問題を個々の利用者の契約の問題として完全に処理しきれるのか、個別的な利用契約関係だけでは対応不可能な問題は出てくることはないか、という点である。

　まず、前者の問題についてだが、医療の分野においても「インフォームド・コンセント」ということが意識されてきていることにみられるように、専門性の存在と利用者本人の判断や選択とが全く相容れないものと考える必要はないであろう。医療に比べて保健福祉の分野では、素人が何も口を出せないほど完全に専門化が進んでいるわけでは必ずしもないということを考えるなら、なおのことである。ただし問題は、そのための条件整備がどれだけできているかである。このことは、とりわけ認知性高齢者などのように判断能力が十分あるわ

けではない者のことを考えるならなおさらである。こうしたことを踏まえ、実際の制度においてはさまざまな仕組みが用意されている。たとえば社会福祉法では、福祉サービスの利用制度化（契約化）により、利用者の選択を保障するための仕組みの整備が不可欠となったとして、利用者の判断を可能にする十分かつ適切な情報の確保について定めるとともに（75条・情報の提供；76条・利用契約の申込み時の説明；77条・利用契約の成立時の書面の交付；79条・誇大広告の禁止）、判断能力が不十分なために自らサービスを選択して利用することが困難な人を保護するための福祉サービスの利用の援助について定めている（80条・福祉サービス利用援助事業〈地域福祉権利擁護事業〉）。したがって、第1の問題との関係で言うなら、「利用者の選択」と「専門性」とは相容れないものと考える必要はなく、そのための条件を整備すればそれは可能であるということになろう。ただしその場合であっても、専門性が利用者の選択に還元されるということがあってはならない。それは専門性自体の否定につながるからである。むしろ、契約に基づく新しい利用制度では、必要な専門性をどのように活かしていくかという観点からの検討を意識的に行っていく必要が逆にあるように感じられる。基礎構造改革の議論ではこの点が必ずしも十分検討されていなかったように思われる。

　第1の問題の基礎をなす専門性の問題は、いわゆる専門的裁量の統制問題として、もともと措置制度とのかかわりにおいても課題として認識されてきた論点であり、権利擁護や情報提供、苦情処理など、その対応策に関しても実はかなりの議論の蓄積があった。[12] それゆえ、課題解決のための条件整備が実際にどの程度できるかにもよるが、この問題に対する介護保険などの新しい利用手続の対応は、もともとそれなりに見通しをもてるところがあったとも言えた。これに対して、次に述べる第2の問題の場合、かなり難しい問題をはらんでいる。すなわちそれは、優先順位の決定をめぐる問題である。例えば施設サービスに関して言うなら、現状では施設の数に制約があり、利用希望者全員が入ることなど、まったく不可能な状況となっている。そしてこうした状況が、今後劇的に変わるとはとても思われない。つまり、契約化した新しい利用手続においても、誰が施設に入所するのかしないのかという問題を避けて通ることはできな

いのである。そのため、優先順位の決定を何らかの仕方でしなければならないわけだが、どのようにするのか。早い者勝ちとするのか、お金をより多く払った者を優先するのか、あるいは有力者の知り合いが優先されるのか。いずれにせよ、合理的な調整方法が求められることになる。しかし、契約の論理からそうしたものを導き出すことができるのだろうか。契約関係というのは、サービス利用者と提供者との個別的関係であり、他の利用者との調整という要素はそもそも入っていない。この点から言って、契約の論理自体から、公平で合理的な調整方法を導き出すことはもともと困難なのである。結局は、行政が何らかの調整をせざるを得ないということになるものと思われる。その際、問題となるのが、行政がこの問題について実質的な調整を行うとすると、「サービスの選択を利用者に任せる」とする新しい利用手続の核心部分が失われてしまうことにもなりかねないことである。もしそうなれば、新しい利用手続の導入に際して、批判の対象としていた措置制度と同じような問題を抱え込むことになってしまう。もちろん、行政の実質的な調整を介在させないやり方も考えられなくはない。お金をより多く払った順とか、有力者にコネがあるといったことは論外としても、早い者順といった方法のように、形式的な平等性を備え、かつかなり機械的に適用できるルールを用いれば、行政の実質的な調整を介在させないことも可能かも知れない。しかし、緊急性の高いニーズを有する者をどうするかなど、先着順では対応不可能な問題が出てくるであろう。公費を財源としている以上、より優先度の高いニーズを有する者の順位を高くすべきであるという衡平性（equity）の原理は、基本的には尊重されなければならない。いずれにせよ、利用者の判断に任せるという新しい利用手続の核となる部分を失わせないようにしながら、こうした優先順位の決定の問題を処理していくことはかなり困難な課題となるのではないだろうか。[13]

6 おわりに

「措置から契約へ」というフレーズのもと、この間導入されてきた介護保険

制度などの新しい利用方式は、たしかに措置制度と比べて、利用者をめぐる法律関係や権利関係を明確なものにする面がみられる。また、サービス提供者との直接的な利用契約制度を用いることで、利用者の選択権をより明確なかたちで意識できるようにした意義も大きい。これらの積極的な側面は、正当に評価されてしかるべきであろう。しかし、本章の冒頭でも触れたように、これらのことによって、福祉サービスの利用しづらさにかかわるすべての問題が一挙に解決できるかのように思うのは早計であろう。上述したように、個別性とか多様性といった特性を有する福祉ニーズを対象にする以上、法律関係の明確化を求めて基準化を押し進めれば、福祉ニーズとして本来充足されるべきものの中から、どうしても切り捨てられてしまう部分が生じてきてしまうのである。問題は、そうした部分が生じざるを得ないことを意識し、それを福祉ニーズとしてすくい上げ、承認していくためのチャンネルをいかに確保していけるかという点なのである。この点では、ケアマネジメントが大きな役割を果たす潜在的な力を有しているのではないかと考えているが、上述のごとく、現行の制度をそのまま前提にする限り、こうした潜在力を発揮させていくことはきわめて困難である。この問題をどうしていくかは、今後に残された重要な検討課題の1つである。

1） 本書第4章参照。
2） 「措置から契約へ」という流れの背景には、措置制度批判があったことは周知のところであろう。措置制度に関する批判的な観点からの論点は、本文でも触れた「高齢者介護・自立支援システム研究会報告書」においてほぼ出揃っていた。以下、研究会報告書に即して、いわゆる措置制度の問題点としてどのようなことが指摘されているのかを簡単に確認しておく。まず研究会報告書は、「今日に至るまで、高齢者介護に関する公的制度として中心的な役割を担ってきたのは、『措置制度』を基本とする老人福祉制度である。このシステムは、資金やサービスが著しく不足した時代にあっては、サービス利用の優先順位の決定や緊急的な保護などに大きな役割を果たし、福祉の充実に寄与してきた」（第1章高齢者をめぐる問題点／2現行システムによる対応／福祉）とする。しかし「今日では、高齢者を『措置する』、『措置される』といった言葉そのものに違和感が感じられるように、高齢者をめぐる状況が大きく変化する中で、措置制度をめぐり種々の問題が生じている。利用者にとっては、自らの意思によってサービスを選択できないほか、所得審査や家族関

係などの調査を伴うといった問題がある。被保険者がサービスを積極的に受ける権利を持つ社会保険に比べると、国民のサービス受給に関する権利性について大きな違いがある」(同上)と指摘する。そしてそのうえで、「高齢者は社会的にも、経済的にも自立した存在であることが望まれる。社会の中心的担い手として行動し、発言し、自己決定してきた市民が、ある一定年齢を過ぎると、制度的には行政処分の対象とされ、その反射的利益(行政処分の結果として受ける利益)を受けるに過ぎなくなるというのは、成熟社会にふさわしい姿とは言えない。社会環境の変化を踏まえ、介護が必要になった場合には、高齢者が自らの意思に基づいて、利用するサービスや生活する環境を選択し、決定することを基本に据えたシステムを構築すべきである」(第2章新介護システムの基本理念／2高齢者自身による選択)として、社会保険方式を導入した新介護システムを提案した。以上のことからもわかるように、要するに、「措置制度」は戦後大きな役割を果たしてきたが、今日では、「選択性がない」「所得審査を伴う」「権利性が弱い」といった問題がクローズアップされるようになってきた。これは、措置というのが一方的に給付が行われる行政処分であり、措置を受ける者はその反射的利益を受けているに過ぎないという措置制度が本来的に有する性質に起因する問題なのであって、社会保険方式の導入などによる制度の抜本的な転換が図られなければならないというのである。

3) 例えば、日本社会保障法学会においても、「社会福祉施設と人権」という統一テーマでの第14回大会での諸報告(学会誌『社会保障法』第4号、1989年)や「社会保障法と行政法の課題」という統一テーマでの第25回大会での諸報告(学会誌『社会保障法』第10号、1995年)、「社会福祉基礎構造改革の法的検討」というテーマでの第36回大会(学会誌『社会保障法』第15号、2000年)などで、この種の問題が論じられた。

4) (注2)参照。

5) 大阪市ホームヘルパー派遣決定処分取消等請求事件(大阪地判1998年9月29日)『賃金と社会保障』1245号(1999年)30頁。

6) 武川正吾『福祉社会の社会政策』(法律文化社、1999年)69頁以下。

7) J. Clarke, (1996) "Public nightmares and communitarian dreams" in Edgell, S. et al. eds., *Consumption Matters* (Sociological Review Monograph, Blackwell), pp. 68-69.

8) もちろん、どの程度のことを論じていけるかは、その枠組みを提供している法の内容によって大きく変わってくることは言うまでもない。例えば、日本における最初の近代的な救貧立法である救護法では、救護機関や救護施設など行政組織上の一定の整備がなされる一方で公的救護義務が行政に課されるなどして、要保障性の有無などの問題に関して、公平性などの権利保障にかかわる一定の規範的要請が考慮されるようになったと言えなくもない状況も出現したのであるが、この状況はけっして権利として認められたものではなく、仮に一定の期待しうる利益があったとしても、それは行政に義務が課せられた結果反射的に生じた事実上の利益でしかないものとされていた。この点については、救護法に関する次のような解説を参照されたい。「(救護法は)救護義務を市町村長に負荷せしめるものにして本法に該当する者は市町村長之を救護すべき義務を有す。然れども之を以て直ちに貧民に救護を受くる権利を附与したるものと謂ふを得ず。即ち本法該当者は市町村長が

救護義務を負ふ結果救護を受くべき地位に在るに過ざるものと謂うべし。」(『救護法に関する質疑応答集』中央社会事業協会、1932年、6頁)。もちろん、こうした状況は、戦後の日本国憲法25条の生存権規定やそれを具体化する各種福祉立法の制定によって大きく変わり、福祉ニーズとしての社会的承認を受ける過程は、基本的には、法律問題や権利の問題として論じることが可能となった。ちなみに、救護法に関して論じられた反射的利益的な考え方は、何も日本に特有なものではなく、福祉ニーズの承認システムの発展過程のある種の段階において共通してみられる考え方のようである。たとえば、イギリスの1834年の新救貧法に関して次のような議論が見られる。「(新救貧法は) 成員中の困窮者の面倒をみるという社会の責務に制定法上の効力を与えた」かもしれないが、そうした義務は決して「面倒を見てもらうという貧民の権利」にもとづくものではない。「被救恤者 pauper とは、諸権利を剥奪された人物であった。彼を救済する義務は承認されていたが、その義務の源泉は救済される人物の有する何らかの権利ではなかった。彼は行為の客体であって、その点は以前に彼が慈善の客体であったことと変わりはなかった」(T. H. Marshall, "The Right to Welfare", do., *The Right to Welfare : and other essays*, Heinemann Educational, 1981, p. 84);「(行政当局の救貧の義務は) 公に対して負う義務であり、貧民自身に対して負う義務ではない。たとえば、もし当局によって救済が拒絶されても、またたとえ救済支給に際して吏員の側に懈怠があったとしても、貧民は何ら訴訟を起こすことはできないのである」(W. I. Jennings, *The Poor Law Code*, Charles Knight & Co., Ltd., 1930, p. lxxvi)。この点については、大沢真理『イギリス社会政策史』(東京大学出版会、1986年) 12-13頁参照。

9) 詳しくは本書第2章参照。
10) 要介護度認定というのは、「どの位、介護サービスを行う必要があるか」を判断するものである。これをできるだけ正確に行うために、特別養護老人ホーム、老人保健施設等の施設に入所・入院している3400人の高齢者について、48時間にわたり、どのような介護サービスがどの位の時間にわたって行われたかが調査された。この調査結果を「1分間タイムスタディ・データ」と呼んでいる。このデータを基に、個々の高齢者の訪問調査の結果を入力すれば、その高齢者に対して行われると思われる介護に要する時間 (要介護認定等基準時間) を推計できるようにしたのが、1次判定で用いられるコンピュータシステムである。『介護保険の手引き平成11年版』(ぎょうせい) 80頁以下および152頁以下参照。
11) 2006年度からの制度改正により、市町村に「地域支援事業」の実施が求められることになった。同事業に含まれる「包括的・継続的ケアマネジメント事業」「介護予防ケアマネジメント事業」などは、本文で指摘したような課題との関係で一定の役割を果たす可能性もあるだろう。
12) 例えば、注3で引用した社会保障法学会での諸報告を参照。
13) 優先順位の決定をめぐる問題については、本書第6章参照。

第4章　保育所措置制度の見直しをめぐって

　1947年に制定された児童福祉法が、制定後50年を経た1997年に大きな改正を受けた。そしてその改正の主要内容の1つが、保育所措置制度の見直しであった。保育所措置制度のあり方をめぐる問題は、1994年1月の「保育問題検討会報告書」以来の、大きく意見を二分する重要な懸案事項の1つであった。すなわち当初厚生省（当時）は、この保育問題検討会報告書において、契約による直接入所制度の導入を打ち出そうとしたのだが、結局意見を一本化することができず、結果として、措置制度の充実により問題に対応していくべきとする意見（第1の考え方）と、措置制度に代えて契約制度を導入すべきとする意見（第2の考え方）の両論併記という、この種の報告書では異例ともいえる形を取って、報告書が提出されていたのである。
　ところでこの児童福祉法改正によって、保育所の入所方式は、従来の措置制度を廃止して、親が子どもを入れたい保育所を選択できる仕組みに変わることになったとされている。すなわち、「措置制度」から「選択システム」へと、保育所制度の位置づけがが大きく方向転換したというのである。そしてこの点をとらえて、この改正が先ほどの第1の考え方ではなく第2の考え方を採用したものと受けとめる向きもある。しかし後述するように、筆者はこの改正についてはそのように受けとめるべきではないと考えている。確かに、法律の文言からは「措置」という言葉は消えたが、いわゆる措置制度の意義として第1の考え方で強調されていた核心部分は、改正後の仕組みにおいても継承されており、むしろ解釈や運用いかんによっては、より充実させ得る可能性もあると考えるからである。ここでは、これまでの措置制度をめぐる議論とのかかわりで、この保育所に関する児童福祉法の改正をどう位置づけるべきなのか、そして今後検討すべき課題としてどのようなことがあるのか、といった点について、若

干の解説および検討を加えることにしたい。

1 保育所措置制度の論点

1 保育所措置制度とは

　保育所措置制度のあり方をめぐる主な論点は、保育問題検討会報告書の段階でほぼ出そろっていたといえる。そこでここでは同報告書によりながら、措置制度をめぐってどのような論点・問題があるのかを整理することから入りたい。ただし、具体的な論点や問題点に言及する前に、法改正前の保育所措置制度の枠組みを簡単に説明しておく必要があろう。

　法改正前の保育所措置制度の仕組みをみてみると、まず市町村は、児童福祉法第24条に基づき、保護者の労働又は疾病等の事由により、その監護をなすべき児童の保育に欠けるところがあるときは、その児童を保育所に入所させて保育する措置をとらなければならない、とされている。また、市町村が児童を措置した場合には、職員配置や施設設備に関する最低基準——児童福祉法45条に基づき厚生大臣が定めるもので保育所設置者はその基準の遵守が求められている——を維持するために要する費用（措置費）を、全額支弁することになっている（51条）。なお市町村は、児童の扶養義務者から、負担能力に応じてその費用の全部または一部を徴収することができるとされている（56条）。そして措置費から費用徴収額を控除した部分に対しては、国、都道府県、市町村がそれぞれ2分の1、4分の1、4分の1を負担することとされている（53条、55条。なお、この部分の条文はいずれも改正前のものである）。

　このように保育所措置制度においては、市町村の入所措置行為を基軸にしながら、最低基準の制定義務と遵守監督義務、国と自治体の措置費用の負担義務がシステム化されており、公的な保育保障制度の枠組みとして重要な役割を果たしてきたのである。

　保育問題検討会報告書においても措置制度の有するこれらの意義については当然のことながら議論の前提とされている。しかし他面で、女性の社会進出の

増大や就労形態の多様化など、社会環境が大きく変化する中で保育制度には新たな対応が求められるようになってきていたのである。

2　保育所措置制度をめぐる論点

保育問題検討会報告書は、保育所利用上の問題点として具体的には次の3点を指摘する。すなわち、第1に乳児等の受け入れや保育時間の面で多様なニーズに応えられていないという点、第2に保育料についての負担感・不公平感が強いという点、第3に入所手続が面倒で利用しにくいという点である。そのうえで、検討会報告書はこれらの問題に対応するための方策として2つの考え方を提示する。第1の考え方は、これらの問題はいずれも措置制度そのものによるものではなく、むしろ措置制度の運用や内容の改善により対応すべき問題であるとする立場からのものであり、第2の考え方は、問題の原因は措置制度そのものにあるという立場からのものである。

それぞれの主張の内容を以下簡単に紹介すると、まず第1の考え方の基本的な主張は次の通りである。すなわち、保育に欠ける児童に対する公的な責任については、行政が関与する形で保育所入所が行われる措置制度でなければ果たすことはできず、措置制度の縮小は、公的責任の放棄につながるものである。保育所が利用しにくいとの指摘があるのは、措置制度の運用が硬直化し、措置費等の水準に問題があるためである。現行（検討会報告書公表時）の保育所制度については、保育に欠ける児童の保育を保障する公的責任を確認しつつ、措置制度を維持拡充し、環境の変化に応じた措置制度の運用の改善及び財源の重点的な配分による措置費等の公費負担の拡充を行うことにより、改善すべきである。具体的には、次のような提案が出されていた。

〈多様なニーズへの対応の問題〉　職員配置及び施設に関する最低基準を大幅に見直すとともに、措置費・特別補助事業補助金や施設整備費補助金の交付水準を改善することによって、多様なサービス供給の条件整備を行うことが必要である。

〈保育料の負担感・不公平感の問題〉　措置費の中の公費部分を拡大するとともに、現行の費用徴収基準について階層区分の統合・簡素化及び上限設定を行うことにより、

共働きサラリーマン世帯の高額保育料負担の軽減及び不公平感の解消を図るべきである。
　〈入所手続の問題〉　入所手続については、現在の入所措置手続の実態に鑑み、措置は、申請により行うことが原則で、職権により行うことが例外であることを法律上明確にするとともに、運用の弾力化、提出書類の縮小等により簡素化を図る。

　他方、第2の考え方の基本的な主張は次の通りである。すなわち、行政主導型の措置制度は、運用の改善を図るとしても、保育所の自主的な取り組みにより利用者ニーズに即応した的確なサービスを供給することは困難であり、この面で構造的な限界がある。また、措置制度の廃止は公的責任の放棄であるとの批判があるが、公的責任の果たし方は、市町村への措置の義務付けという形でなくても、施設整備への補助、保育料の減免、最低基準維持のための監督等の形があり得る。保育所入所については、行政の関与は必要な限りにとどめ、利用者の選択や保育所の主体的な判断を尊重することにより、必要なサービスの的確な供給を図るべきである。そして具体的には次のような提案がなされている。

　〈多様なニーズへの対応の問題〉　多様なサービスの促進のために、保育時間の延長や休日保育の実施の判断を保育所自らできるようにする。なおこれらについては、直接入所の場合だけでなく措置入所の場合にも保育所との契約によるものとし、その費用は受益者負担とする（ただし一定の要件を満たす保育所に対して、利用料抑制の観点から公費による補助を行う）。
　〈保育料の負担感・不公平感の問題〉　保育料については、基本的には一律に設定すべきであるが、共働きサラリーマン世帯に過重な負担とならないように、国が一定の基準利用料を示し、保育単価から基準利用料を控除した部分について公費を導入する。
　〈入所手続の問題〉　入所手続の簡素化と利用者の選択権の保障のために直接入所制度を導入し、保護者が希望する保育所との契約により入所できるようにする（たとえば、収入500万円で線を引き、500万円以上については完全に保育所と相対での自由契約にし、500万未満の場合には従来の措置制度でいくといった枠組みが1つの提案として出されていた）。

　以上の2つの考え方のうち、厚生省（当時）が本来想定していたのは第2の考え方の方であった。しかし現場の保育関係者を中心に、契約による直接入所

制度の導入による措置制度の実質的な廃止に反対する声が強く、また、措置入所と直接入所が混在する中で入所の優先順位をどう考えるのかとか、措置児童と契約児童との間に差別感が生ずる恐れはないかとか、利用料への公費助成を法的にどう位置づけるかなど、直接入所制度を仮に導入するにしても検討しておかなければならない問題が多々残っており、結局この種の報告書としては異例の両論併記という結果に終わったのである。

3 2つの考え方の違いについて

なお、これら2つの考え方について多少説明しておきたい点がある。まず、いずれの考え方においても、現行の保育所制度に関して手続き的に利用しづらいところや住民の要求に応え切れていないところなど、いろいろ問題があるということでは、意見の食い違いはない。意見が異なってくるのは、問題を解決するやり方である。すなわち、第1の考え方は、措置制度の改善・充実で問題を解決することができるとするのに対し、第2の考え方は、措置制度の構造的な限界を指摘し、問題解決のためには契約による直接入所制度を導入するしかないとするのである。ところで、この点にかかわって指摘しておきたいのは、措置制度に関するこうした対照的とも言える両者の見方の違いの根底には、実は、措置制度を「職権主義的制度」として理解するかどうか、すなわち「措置」イコール「職権措置」とみなしているかどうかという問題が横たわっているということである。

「職権主義」とは、児童福祉法や老人福祉法における「福祉の措置」の開始について従来から行政当局が採っている解釈で、生活保護法でとられている「申請主義」との対比で用いられることが多い。その解釈によると保育所などの福祉施設への入所措置は、公益上の必要性の判断に基づく行政庁の職権行使によって開始されるところの一方的な処分として構成されることになる。措置をこのようにとらえるならば、施設入所においては、行政が一方的に「どこそこの施設に入りなさい」と決めるのが、まさに制度の基本的な姿ということになり、利用者の希望とか選択といったことが入る余地はなくなってくる。措置

制度では利用者ニーズに即応した的確なサービスを供給することは困難であり構造的な限界がある、とする第2の考え方が出てくるのも、このような理解を前提にしていることを踏まえるならば、ある意味で当然の帰結とも言えよう。

　これに対して第1の考え方は、措置制度をそのように職権主義的に理解することを批判する。すなわち、多くの自治体で、実際には保護者が希望する保育所を書いて申し込みを行っているという状況があり、むしろ行政運営の実態上は、職権よりも申請によるのが大部分であるという事実がみられ、また法制度上（当時）も、児童福祉法施行規則22条（「その監護すべき児童につき……保育所への入所の措置を希望する者は、……その居住地の市町村長にその旨を申請しなければならない」）のように、措置に関する申請手続が用意されているなど、実態からも法制度上からも、職権主義的に一方的に上から決めるのが措置の本来の姿と決めつけるのはおかしいというのである。むしろこの問題に関して言えば、申請者の希望を尊重することが措置制度の適正な権限行使のための重要な要件である、というように本来は考えていくべき筋合いの事柄であり、利用しやすい保育所制度というのも、こうした観点を充実発展させていくことを通じて実現することができるというのが、この立場の主張ということになろう。

2　児童福祉法の改正と措置制度改革

　さて、ここでの議論の対象にしている保育所制度に関する児童福祉法の改正は、直接的には1996年の中央児童福祉審議会基本問題部会の検討作業とその中間報告（『少子社会にふさわしい保育システムについて〈中間報告〉』平成8年12月3日）を受けて実施されたものである。以下、基本問題部会の中間報告と児童福祉法の改正が、それまでの保育所制度（措置制度）についてどのような見直しを行っているのかについて、上記で整理した論点と関連づけながらみていくことにしたい。

1 「措置」から「保護の実施」へ

　まず保育所措置制度に対する評価の問題であるが、中間報告が、「現行の保育所制度は、市町村が保護者の労働等の事由により保育に欠けると認めた児童について保育所に措置することとなっている。措置を行う際に希望する保育所を訊くことが通例であるが、制度上は利用者が選択できる仕組みではない。」（傍線筆者、『中間報告』２.保育所について／(1)保育内容の情報提供と利用者が選択できる保育所・保育サービス）と述べていることからも窺えるように、報告では、基本的に措置が職権主義的に理解されていると言えよう。そして措置制度に対する以上のような認識に基づき、次に中間報告は、多様なニーズへの対応の問題や入所手続の問題に対処するための方策として以下のような提案を行っている。すなわち、「子どもの成長にとって保育所の与える影響は大きい。子どもの最善の利益の確保という観点からは、利用者が保育所の保育内容、保育サービスの種類等の情報を十分に提供され、これらに基づいて利用者が保育所、保育サービスを選択する仕組みとすべきである」（同上）。

　このように、現行制度については「職権主義的な理解」、そして対応策については「利用者の選択の強調」ということになるとすると、印象としては前述の基本問題検討会報告書の第２の考え方を踏襲しているようにも受け取れる。しかしながら中間報告には、第２の考え方と根本的なところで決定的に相違しているところがある。それは、第２の考え方の核心部分とも言うべき「契約による直接入所制度」が採用されているわけではないという点である。すなわち、「保育所、保育サービスを選択できるようにした場合においても、定員との関係での調整や優先度の高い人が利用できなくならないような配慮の必要性などを考えると、申し込みは市町村に対して行うことが適当である」（同上）として、最終的には、措置制度におけると同様に、市町村の責任でもってサービスが提供されるという枠組みが維持されているのである[2]。また、利用者の選択という点についても、その重要性や必要性はもともと第１の考え方においても強調されていたことであり、選択が強調されているからといって、そこから何らかの結論をすぐに導き出せるようなものではそもそもない。こうしたことを総

体として考えるならば、「措置という手続きに代えて利用者が選択できる仕組みにする」という中間報告の提案は、表面的にはなるほど第2の考え方に沿ったもののようにもみえるかも知れないが、実質的にはむしろ第1の考え方に近い内容のものであるように思われるのである。この点は、保育所入所手続に関する法改正後の条文の規定内容自体からも窺うことができる。すなわち次の2つを見比べれば分かるように、改正後の規定からは確かに「措置」という言葉自体はなくなったが、改正前の24条の枠組みがほぼそのまま踏襲されているのである。

〈改正前・24条 保育所への入所の措置〉「市町村は、政令で定める基準に従い条例で定めるところにより、保護者の労働又は疾病等の事由により、その監護すべき乳児、幼児又は第39条第2項に規定する児童の保育に欠けるところがあると認めるときは、それらの児童を保育所に入所させて保育する措置を採らなければならない。ただし、付近に保育所がない等やむを得ない事由があるときは、その他適切な保護を加えなければならない。」

〈改正後・24条 保育の実施〉「市町村は、保護者の労働又は疾病その他の政令で定める基準に従い条例で定める事由により、その監護すべき乳児、幼児又は第39条第2項に規定する児童の保育に欠けるところがある場合において、保護者からの申し込みがあったときは、それらの児童を保育所において保育しなければならない。ただし、付近に保育所がない等やむを得ない事由があるときは、その他適切な保護をしなければならない。」

このように法改正により、「入所の措置」から「保育の実施」ということで、法形式上は確かに措置制度は廃止されることになるわけだが、しかしここで強調しておきたいのは、新たな制度においても市町村は、措置制度におけると同じように、保育に欠ける児童を保育所において保育しなければならないとされており、要保育児童に保育を保障する法的義務が課されているということである。先に「契約による直接入所」が第2の考え方の核心部分である旨の言及をしたが、措置制度の意義を重視する第1の考え方について言えば、まさに市町村に課されるこのような法的義務こそがそうした核心部分の1つなのである。この法改正が実質的には第1の考え方に近いと述べたのも、そうした意味

においてのことなのである。

2 申請に関わる規定の整備

なお、元々の24条自体に対する改正の内容は以上の通りであるが、新設の規定という部分に目を向けると、実はこの法改正によって大きな変化をみせている事柄もある。保育所入所の申請にかかわる規定の整備がそれである。具体的には、24条に追加する形で新たに次のような諸規定が設けられることになった。すなわち第2項として「入所の申込みに関する規定」(保育の実施を希望する保護者は、希望する保育所等を記載して市町村に申込みを行うものとする／この場合において、保育所は保護者に代わって申込みを行うことができるものとする)、第3項として「市町村による入所者選考に関する規定」(市町村は、1つの保育所について申込児童のすべてが入所するときに適切な保育が困難となる等の場合には、入所児童を公正な方法で選考できるものとする)、第4項として「市町村の勧奨義務に関する規定」(市町村は、福祉事務所または児童相談所より保育の実施が適当である旨の報告または通知を受けた児童の保護者に保育の実施の申込の勧奨をしなければならないものとする)、そして第5項として「市町村の情報提供義務に関する規定」(市町村は、保護者の保育所の選択および保育所の適切な運営の確保に資するため、保育所の設備および運営の状況等の情報提供を行わなければならないものとする)である。

ちなみにこれらの規定は、「措置イコール職権措置」と捉え、利用者の申請権を認めてこなかった立場からすると、新たに制度化された画期的な規定・仕組みということになり、まさに利用者の選択を法制度的に担保するための規定として、今回の保育所制度に関する見直しの中心的部分という位置づけになろう。他方、措置をそのようには捉えず、措置制度においても利用者の申請は当然承認されていたとする立場からは、本来保障されて然るべき事柄が、今回の改正でようやく明確に保障されることになったということになるのであろう。

3 保育料をめぐる問題

保育料の負担感や不公平感の問題について、基本問題部会の中間報告は、

第4章 保育所措置制度の見直しをめぐって 85

「現行の保育料の負担が所得税額にリンクした応能負担方式であるため、中堅所得層の夫婦共働き家庭を中心に保育料の負担感が強くなっていることや、サラリーマン世帯にとって生活実感に照らして保育料負担の不公平感があることが指摘されている」（2．保育所について／(5)費用負担の在り方）としたうえで、「保育所利用の一般化の実態を考えると、保育コストや子どもの年齢などに配慮した均一の保育料体系に改める方が、利用者間の保育料の公平な負担にかなうものと考えられる」（同上）と、定額負担方式を提起していた[3]。しかしながらこれを受けた法改正は、実質的には現行の枠組みを大きく変えるものとはなっていない。すなわち、改正法は、従来の費用徴収に関する「負担能力に応じ、その費用の全部又は一部を徴収することができる」（56条）という規定を、「(保育費用を)徴収した場合における家計に与える影響を考慮して保育の実施に係る児童の年齢等に応じて定める額を徴収することができる」に変えることにしているのだが、「家計に与える影響を考慮して」という部分で応能負担の考慮が働くとみるならば、「児童の年齢等に応じて定める額」というところに、多少定額方式のニュアンスが読み取れると感じられる程度で、内容的にはあまり変化はないと考えられるからである。保育料の負担感や不公平感をめぐる保育料問題に関しては、今後の課題として実質的には先送りにされたと言ってよかろう。

4 改正法をどうみるか

　保育所措置制度がこれまで果たしてきた役割には3つの意義があると言われている。第1に、市町村に保育所への入所措置義務があることを法的に明確にすることを通じて果たしてきた役割であり、第2に、最低基準の制定義務と遵守義務を課すことにより果たしてきた役割であり、第3に、国と自治体の費用負担義務とのかかわりで果たしてきた役割である。今回の児童福祉法の改正作業では、確かに「措置」という言葉そのものは削除されることになったが、これら3つの意義は改正後の制度においても基本的に継承されていると考えてよいように思われる。すなわち、第1の点については、先ほど述べたとおりであ

るし、第2、第3の点についても、「措置」という用語が「保育の実施」という用語にかわったことに伴う、表現上の変更がそれぞれの関連条文でなされているのみで、実質的にはこれまでと変わるところはないからである。むしろ、申請（申込み）に関する手続きの整備など、措置制度を改善・充実させていくべきだという立場からしても積極的に評価できる側面があるのではないだろうか。

3　いくつかの検討課題

　最後に、この保育所措置制度をめぐる児童福祉法の法改正を踏まえて、問題となってくると思われる法的検討課題について言及しておくことにしたい。今回の改正作業の基軸の1つになっているのは、利用者の「選択」という問題であろう。しかしどのような仕組みがとられるにせよ、選択ということが、保育所を利用する住民にとって真に積極的な意味を持ちうるためには、保育所入所をめぐる申請権や請求権などの手続き的、実体的な権利の有りようがきわめて重要になってくるといえる。この点で、これまでの措置制度においては、これらの権利が職権主義の考えの下に、行政解釈でいずれも否定されてきたという状況がみられた。例えば申請権の問題については、先にも触れたごとく、「（福祉施設への入所措置は）措置を受けようとする希望者からの申請に基づくものではなく、措置の実施機関が職権をもって自主的に行うものとなっている[4]」として、行政解釈は一貫して否認してきた。実際、本来措置制度においても申請権が認められるべきとする立場から、その1つの根拠として言及されることの多い児童福祉法施行規則22条（入所申請にかかわる規定）についても、「同法施行規則に規定されている措置の申請手続は、市町村の職権発動の契機として位置づけられる[5]」と説明し、あくまでも職権主義の枠内の問題とみなしてきたのである。そしてこうした解釈の結果として、一般行政法レベルでは、手続的権利との関係できわめて重要な意味を持つ行政手続法が、保育所入所措置との関係では、行政手続法の対象となる申請（つまり、行政に応答責任があるところの法令

第4章 保育所措置制度の見直しをめぐって

に基づく申請）にあたるようなものは存在しないという理由づけで、適用されないという問題も生じていたのである[6]。

　他方、実体的権利としての措置請求権も、措置の実施機関は職権によって自主的に措置をとることを義務づけられているのであって、希望者からの請求に応答して措置を行っているのではないという職権主義の考え方で、同様に否定されてきた。こうした考え方は、例えば、保育所の入所措置を直接扱ったものではないが、同じく措置制度をとっている老人福祉施設（ちなみに介護保険制度後の現在においても養護老人ホームは措置施設のままである）についての、次のような行政当局の解説に如実に現れているといえよう。すなわち「（老人ホームなどへの入所の）措置は、措置の実施機関に課せられた義務であって……希望者からの請求権に基づくものではない。したがって、措置を受けることにより老人ホームにおいて養護されることは、老人に与えられた権利ではなく、公的機関に措置義務があることから派生する『反射的利益』であると考えられる[7]」。

　このように従来の措置制度においては、上記のような職権主義の考え方をベースにした行政解釈が、保育所入所における利用者の権利を考える上での大きなネックとなってきたのだが、こうした問題は、新しい仕組みとしての「保育の実施」においてはどうなっていくのであろうか。

　まず、申請など手続的権利に関する問題であるが、これまで職権主義の採用をもって申請主義を否定してきたのであるから、今回の改正作業のねらいを、職権主義的な措置制度を廃止し利用者が選択できる制度を導入することとしている以上、当然上記で触れたような問題はクリアされるはずである。少なくとも新たな制度では、申請に関する規定も児童福祉法に追加されることになっており、行政手続法なども適用されるとするのが素直な解釈のように思われる。だが残念ながら現実には、条文中に「申請」ではなく「申込み」という用語が使われている点などを理由に、申請権が明確に認められるには至っていない。しかしながら、いくら「申込み」という表現が用いられ、「申請」という言葉が使われていないということであったとしても、手続きの実態がまさに行政手続法の対象となるようなものであれば、「申込み」を行政手続法の申請として

とらえることになんらの問題もないはずである。[8]

　次に、実体的権利としての請求権の問題であるが、この問題についても、職権主義の考え方の下で反射的利益として位置づけることによって権利性を否定するということはできなくなる以上、「保育の実施」に対する請求権は、承認されてしかるべきと考える。ただし、ここで留意しなければならないことは、措置制度における実体的権利の実現を制約していた問題には、実は2つのレベルの問題が介在していたという点である。1つは、単なる反射的利益とされることによって、権利の問題を論じる土俵にあがることすら拒否されてきたというレベルの問題であり、もう1つは、「サービス資源の有限性」や「福祉の分野に不可避な行政裁量」といった、権利性の内実を満たしていく上でクリアしていくことが求められるレベルの問題である。そうした観点からみると、新たな制度でクリアされることになるのは前者のレベルの問題であり、後者のレベルの問題は依然として解決しなければならない課題として残っているということになろう。つまり、職権主義に基づく反射的利益論が取り除かれたことで、ようやくにして権利問題として（すなわち実施請求権の問題として）論じることができるようになったが、そうした権利がどの程度まで、またどのような形で認められるのかという権利の中身の問題については、今後さらにつめていく必要があるということなのである。しかしながら考えてみると、こうした課題は、行政裁量のコントロールの問題、救済方法としてのオンブズマン制度の問題、住民参加等を通じての資源配分のコントロールの問題など、措置制度を改善・充実するという観点から、既にいろいろと検討されてきた事柄であったとも言える。その意味では、いわゆる措置制度の課題としてこれまで論じられてきた諸問題は、新たな制度が導入されることによってすべて自動的に解消されるわけでは決してなく、新制度における「実施請求権」を、形だけのものに終わらせないためにも、引き続き検討していくことが求められているということを忘れてはならないだろう。

　1）　例えば次のように説明される。「本条（注・老人福祉法11条）による措置は、当該措置

を受けようとする希望者からの申請に基づくものではなく、措置の実施機関が職権をもって自主的に行うものとなっている。従来、措置の開始については、社会福祉関係法において、2つの流れがあった。1つは、生活保護法であって、申請に基づいて保護することを原則としているが、これは、同制度が国民に保護請求権を与える建て前をとっているので、この保護請求権の行使に基づいて保護する方がより合目的的となるからである。他の1つは、児童福祉法、身体障害者福祉法及び精神薄弱者福祉法であって、職権によって保護することを原則としている。」厚生省社会局老人福祉課監修『改訂 老人福祉法の解説』（中央法規出版、1987年）88頁。

2) 契約による直接入所では、定員との関係での調整や優先度の高い人への配慮などは困難であることは言うまでもない。

3) また報告書は、「保育料の公平な負担のためには利用時間帯にかかわりなく利用時間の長さが同じであれば、保育料負担が平等になるようにするという考え方がある」（2．保育所について／(5)費用負担の在り方）とも指摘している。

4) 厚生省社会局老人福祉課監修・前掲書（注1）参照。

5) 『保育問題検討会報告書』（2措置制度の評価／(3)措置制度の仕組み）、1994年1月19日。

6) 行政手続法と保育所措置制度の関係については、本書第7章を参照。

7) 厚生省社会局老人福祉課監修・前掲書（注1）88-89頁参照。

8) 本文で述べたように国は、依然として「申込み」を行政手続法の申請にはあたらないとしているが、学説では、同法の申請にあたるとする説が多い（堀勝洋『社会保障法総論・第2版』、東京大学出版会、2004年、286頁、桑原洋子他編『実務注釈児童福祉法』信山社、1998年、142-143頁など）。また、同法の申請にあたるとする判決も見られる。大阪地判2002年6月28日（『賃金と社会保障』1327号（2002年）53頁）。

第5章　社会福祉「基礎構造改革」と公的責任
―行政責任の問題をめぐって―

　介護保険制度の導入、支援費支給制度への移行、さらには障害者自立支援法の制定など、この間の一連の制度の改革によって、わが国の社会福祉制度は、大きく転換してきた。実際、利用手続、財源、利用料、事業経営主体の問題など，いわゆる「措置から契約へ」という流れの中で大きく変更した事柄は数多くある。そうした中で、福祉サービスの提供や基盤整備における自治体などの公的責任がどうなっていくのかが、利用者、住民、福祉関係者の重大な関心事となっている。そこで、この間の制度の変化によって国や自治体などの行政の公的責任がどうなったのか、そして、住民や福祉関係者はこうした公的責任の問題をどう受け止めていくべきなのか、という問題について、行政責任の問題をトータルにとらえるための枠組みの設定ということを念頭におきながら、以下、若干の検討を加えてみることにしたい。

1　基礎構造改革と「公的責任」概念

　公的責任の問題は、社会福祉の基礎構造改革についての政策主体の議論の場である審議会においても、重要な論点の1つとなったわけだが、公表されている審議会での議論の様子をみる限りは、必ずしもこの問題について十分に整理された論議があったとは思われない。例えば、公的責任について集中的な議論がなされたと思われる中央社会福祉審議会の第16回社会福祉構造改革分科会では、公的責任の問題をめぐって次のような発言があったとされている。

> 「今回の改革が公的責任の後退を招くのではないかという懸念が寄せられているが、これと併せて、利用者負担の増大を招くのではないかということを危惧しているという話をよく聞く」（第16回社会福祉構造改革分科会議事要旨・発言1）。

「公的責任については国の責任とはいっていない。全世界的に価値観の転換期が来ている中で、何が幸せかということも19世紀と今日では全く違う。これからは、民間も国も共に公的責任を負う時代であり、両方協力し合って、新しい時代の幸せをつくっていくべき時に来ていると思う」（同上・発言8）。

「公的責任が後退するという人は、改正の趣旨を取り違えているのではないか。介護保険制度では、要介護認定があり、そのためのサービスが不足すれば、施設などの整備をしなければならない。措置制度という予算の制約がある制度から、公的な認定をしてそれに該当するものには公的に責任を果たしていこうということだから、これからは予算も増えていくこともあり得る。もっとこの改革を前向きに理解すべきではないか」（同上・発言9）。

「公的責任については、誰が担うのかが問題になるし、現代における公的責任の範囲は広がっているとも思う。また、利用者負担の増大への対応や社会的連帯の考え方も重要であると思う」（同上・発言12）。

「公的責任の定義をもう少し具体的に表現した方がよい。このままでは、行政だけに公的責任があるものととらえられかねない。行政だけではなく、サービス提供者の側も含めていろいろ提供することが公的責任である」（同上・発言13）。

「公共性と公的責任とが混同されているのではないか。公的責任は国や地方公共団体に社会福祉を増進する責務があることを前提にした上での責任であるので、国や地方公共団体の責務として理解すべきではないか」（同上・発言14）。

「公的責任の議論については、例えば、厚生省案では、契約による利用制度への転換に当たり、利用者が費用を負担するが、市町村が利用者負担分以外を助成し、市町村に対しては国及び都道府県が一定割合の補助をするという考え方を明らかにしており、これを受けての評価とすべきである」（同上・発言15）。

以上のような審議会の議事要旨をみる限り、論点もあまりかみあっておらず、それぞれの発言者が自らの主張を述べて終わってしまっているという印象で、審議会として、公的責任の問題をどのような方向で整理していこうとしているのかが必ずしもはっきりとしていない。こうしたこともあってか、社会福祉構造改革分科会の「中間まとめ」（「社会福祉基礎構造改革について」平成10年6月17日）では、公的責任について直接的には何も論じられずにいた。当然、こうした対応については批判が出され、その後に出された分科会の「追加意見」（「社

会福祉基礎構造改革を進めるに当たって」平成10年12月8日）の中で、公的責任について改めて次のような記述が追加されている。すなわち、「『中間まとめ』の公表後、関係者の間で、この改革が利用者負担の増大など公的責任の後退を招くのではないかとの懸念が少なからず表明されているが、我々の目指す改革の方向は、『中間まとめ』にもあるように国及び地方公共団体には社会福祉を増進する責務があることを当然の前提としつつ、利用者の視点から福祉制度の再構築を行おうとするものである。この改革においては、国及び地方公共団体は、それぞれの役割に応じ、利用料助成やサービス供給体制の基盤整備などを通じて国民に対する福祉サービス確保のための公的責任を果たすことになっており、この改革の趣旨について、関係者に十分周知しながら、検討を進める必要がある」。

そして公的責任に関するこうした観点からの捉え方を、より具体的なかたちで示しているのが、基礎構造改革の動向を踏まえて提出された障害者関係3審議会の意見具申「今後の障害者保健福祉施策の在り方について」（平成11年1月19日）の中の次の一節であろう。すなわち、

「新しいサービス利用制度に移行する場合においては、公的責任・公費負担の後退があってはならないことは、〈1．基本的考え方〉[1]で指摘したとおりであるが、この場合、公的責任とは、次の3点をいうものであり、国、都道府県、市町村がそれぞれの役割に応じ、必要な施策を推進する必要がある。
(1)障害者が必要な福祉サービスを利用することができるよう、サービス供給体制の整備を推進すること
(2)障害者が、必要な福祉サービスを利用することができるよう、公費助成を行うこと
(3)利用者の立場に立って、福祉サービスを必要とする者が円滑に利用することができるよう、情報提供、コミュニケーションの支援、利用のあっせん・調整及び要請、利用者の保護、サービス水準の確保等の利用者支援策を講ずること」

基礎構造改革の動きの中でみられたこうした公的責任の捉え方、あるいは整理の仕方は、公的責任の問題を考える上でどのように評価できるであろうか。

まず、公的責任を、国・都道府県・市町村の行政の責任として明確に位置づ

けてその内容も具体的に提示しているところは、積極的に受け止めることのできる点であろう。供給主体の多元化とか公私の役割分担といったことが強調される状況の下で、審議会での発言の一部にもあったように、公的責任の問題と公共性の問題とが混同されて論じられてしまい、公的責任として行政が有している固有の意味ががやもすると薄れてしまうという望ましくない傾向もみられる中、障害者関係3審議会の意見具申のように、行政（国・都道府県・市町村）の役割との関わりで、公的責任とは何かを明示することは、それ自体積極的な意味を有していると評価することができよう。

　しかし、問題をさらに進めて、審議会等の検討の過程で、公的責任の問題についてのトータルな検討を可能にするような枠組みが提示されていたかということになると、否定的な評価をせざるを得ない。1つには、行政が果たすべき公的責任としてあげられていることが、かなり限定されたものとなってしまっている。障害者関係3審議会の意見具申は、公的責任の内容として3つのことを挙げているが、例えば、「公的責任の問題はこの3点につきるのか」ということを問われたならば、多くの人がおそらく「否」とこたえるであろう。確かに、3つの事柄以外に公的責任の問題はないと審議会が明言しているわけではなく、その意味で、こうした物言いは揚げ足取り的なものになっているのかも知れない。しかし、そこで挙げられている3つのことを行いさえすれば、それで公的責任を果たしたことになると受け止められたとしても不思議ではない整理の仕方であることもまた事実なのである。公的責任の問題を総体として捉えていくためには、そこで挙げられている3つの事柄以外にも存在するであろう行政の役割との連関も視野に入れた捉え方なり整理の仕方が、少なくとも求められるのではないだろうか。

　また、いわゆる「措置から契約へ」という流れの中で、社会福祉サービスは、人的・物的なサービス自体を保障するものではなくて、その費用を保障するものに変わろうとしているとの指摘もあるわけだが、こうした変化を公的責任の問題としてどう説明し、また評価していけばよいのか。公的責任のトータルな検討のためには、このような問題についても射程に入れて考えられるような広

がりをもった枠組みが必要になる。さらに、公的責任をトータルに捉えるということになれば、行政がそうした責任を果たしていくことについて、いかにコントロールを加えていくか（つまり、行政活動をいかに統制していくか）という視点からの検討も欠かすことができないはずである。しかしこのレベルの問題についても、基礎構造改革にかかわる審議会等の議論の過程ではほとんど論じられていなかった（少なくとも行政責任とのつながりを意識した議論はみられない）。

このようにみてくると、公的責任の問題についての立ち入った検討を加えていくためには、さらにより一般的な観点からの考察を試みる必要がありそうである。そこで以下では、責任問題について行政学で論じられていることなどを参考にしながら、福祉行政の分野における行政の公的責任の問題について考察を加えてみることにしたい。

2　行政責任の構造

行政の公的責任の問題を、行政統制（行政活動のコントロール）の視点と絡めて考察しようとするとき参考になると思われるのが、「行政責任」に関する行政学の次のような議論である[2]。

近代国家における市民と政府の関係は一種の信託関係から成り立っている。この信託関係が損なわれないよう、政府はそれに応える責任があり、また市民は常に政府を監視し統制する必要がある。これが行政責任の問題の基本にある関係である。こうした行政責任の構造は、次のような4つの局面に類別して考察することができる。すなわち①国会や内閣、自治体の首長や議会などの政治機関から任された任務を担う責任（任務的責任）、②法令や予算や条例、上級機関の命令や指示に従って行動する責任（服従責任ないし応答的責任）、③監督者からの問責に対して自己のとった行動について弁明・説明する責任（弁明的責任）、④政治機関ないし任命権者から加えられる制裁に服する責任（受裁的責任ないし制裁的責任）の4つである。

そして、市民と行政の間に存在するこれら4つの局面の責任は、以下のよう

なかたちでそれぞれ次の段階に進んでいくとされている。すなわち、市民が欲することを市民が望むように、そのまま行政が実現してくれれば問題はない。①の任務的責任と②の応答的責任との循環で済む。ところが、行政による任務の遂行によって市民が満足せず、「なぜそれしかできないのか」「どうしてそんな不十分なことしかできないのか」と、行政を問責するようになると応答的責任は③の弁明的責任に移行する。この局面で行政は、理由を示して市民が納得するように説明し、釈明に努めなければならない。そしてこうした行政の説明や弁明で市民が納得しなければ、行政は市民からの「制裁」を覚悟しなければならない。[3]

　以上のような行政責任の問題に関する議論を前提にして、福祉行政における公的責任の問題を考えた場合、どのようなことがみえてくるであろうか。4つの局面の行政責任の問題について、それぞれもう少し説明を加えながら、このことについてみていくことにしよう。

3　任務的責任

　行政の公的責任は、まず任務的責任が設定されるところからはじまる。行政の任務的責任とは、行政が為すべき一定の事務ないし役割そのもののことを意味している。ちなみに、これらの事務ないし役割には2つの要素が含まれているとされる。1つは、物的かつ客観的な事実としてわれわれが認識できる機能的要素であり、いうなれば「仕事」（work, job）として言い表すことのできるようなものであり、もう1つは、人間的かつ主体的な当為として認識できる規範的要素である。いずれにせよ、この局面の責任の対象となるのは、行政として行為されるべきものとして観念され、現実に行政として行為されている、きわめて広汎な行政機能そのものである。たとえば、ここでは、(i)「行政としてなすべきものについて、国民がどのような意思（規範意識）をもっているか、あるいはもつべきか」（公共性や公的責任といった価値問題を中心とする行政の規範論の領域の問題）とか、(ii)「行政がなすべきとされたものが、どのような過程

を経て現実の行政にまで進展するか、あるいはすべきか」とか、(iii)「その行政を階統型組織の構成員にどのように委任するか、あるいはすべきか」(分権、人事、財務などの問題を含めた組織論の領域の問題)などといったことが、主要な問題として取り扱われることになるとされている。[4]

それでは以上のようなこととの関係で、福祉行政における公的責任の問題を眺めるとすると、どんなことが言えるであろうか。

まず、各福祉法の規定の多くが、ここで述べているような行政の任務的責任を規定するものとなっていることがわかる。さらにそれらには、規範的要素の強い任務的責任を対象にしている規定と、機能的要素の強い任務的責任を対象としている規定の2つのタイプがあることがわかる。例えば、「国及び地方公共団体は、児童の保護者とともに、児童を心身ともに健やかに育成する責任を負う」(児童福祉法3条)とか、「国及び地方公共団体は、老人の福祉を増進する責務を有する」(老人福祉法4条)など、各福祉法の理念・目的に関する規定は、規範的要素の強い任務的責任を規定していると考えられるし、他方、福祉サービスの機能やその権限を定めている各福祉法の「福祉の措置」や「福祉の保障」の諸規定などは、機能的要素の強い任務的責任を定めていると考えられる。

ちなみに、責任についてのこうした整理にかかわって付言しておくと、最近の福祉行政の動向をみる場合、規範的なレベルでの任務的責任を、機能的なレベルでの任務的責任によって具体化していくという捉え方が、とりわけ重要になるといえる。例えば、近年の政策動向の1つに「サービスの提供責任から条件整備責任へ」(provider から enabler へ)という流れがみられるわけだが、こうした動きを任務的責任の議論に関わらせて整理するならば、変化しているのは方法論としての機能的なレベルでの任務的責任の問題であって、規範的な意味での任務的責任の問題はまったく変わらずに存在し続けているという押さえ方が可能となるのである。[5]

この他にも、公的責任の問題をめぐってこれまで福祉行政の領域において論議されてきた事柄には、任務的責任の局面の問題として考えていくことができ

るような問題がいろいろと存在している。例えば、公私の役割分担をめぐる議論は、上記で取り上げた(i)の規範論の領域の問題に該当するであろうし、いわゆる「措置から契約へ」という動向の問題についても、サービスの利用手続の問題として考えるならば、上記の(ii)の問題に関わっているとみることができる。さらに、福祉サービスの市町村優先主義の流れなども上記(iii)の組織論の領域の問題に関わる事柄であるといえよう。

　このように、福祉行政における公的責任の問題やそれをめぐる議論も、任務的責任ということに引きつけて論じることができる部分が相当程度ありそうなのだが、ただし1つの局面の問題のみに目を向けるだけでは十分ではないということもここで指摘しておく必要があろう。つまり、行政責任の問題を、例えば任務的責任の規範レベルの問題に絞って論じるだけではなく、いくつかの局面を有する連関構造としてとらえる視点を忘れてはならないのである。福祉行政の分野にみられるこれまでの公的責任論は、どちらかというと1つの局面の問題だけに限定して責任の問題を論じるということが多く、責任の問題を様々な局面の問題に分類し、その連関の中で責任の遂行と統制の問題を考えるということがあまりなかったのではないだろうか（例えば任務的責任における規範レベルの局面と機能レベルの局面の問題、あるいは任務的責任以外の応答的責任、弁明的責任、制裁的責任の各局面の問題やそれらの連関の問題など）。もちろん1つの局面の問題を深く追求するという作業が重要でないと言っているわけではない。例えば、各福祉法の理念・目的規定を実質的に意味のあるものにしていくためには、任務的責任に関する基本的・原理的問題について（特に、公共性や公的責任といった価値問題を中心とする行政の規範論について）かなり突っ込んだ検討をすることが不可欠であることは言うまでもない。しかし、行政の責任を実効的なものとしていくためには、それだけではおそらく不十分であろうこともまた確かなことなのである。

4 応答的責任

　もともと、応答的責任（responsibility）というのは、設定された任務の遂行に向けて、「法令・予算による規律、上級機関の指示、上司の個別の指示・命令に従って行動する責任」として受け止められてきた。受動的な意味合いを含む「服従責任」という言い方が、応答的責任についてなされることがあるのもその1つのあらわれであるといえる。

　しかし現代においては、従来からあったこうした受動的な責任に加えて、能動的責任と呼ぶべきものがきわめて重要になってきていることを強調しておかなければならないだろう。すなわち、現代行政においては、法令・予算による規律、上級機関の指示、上司の指示・命令に違背しない範囲内において、自発的積極的に裁量を行使し、もっとも賢明なる行動を選択することまでをも求められるようになってきているからである（積極的な意味での裁量行使）。また、現代の行政官・行政職員は、組織法令上与えられている所掌事務の領域に新しい社会問題が発生したときには、これをいち早く察知し、対策を立案して上級機関に上申し、さらには政治機関に提案すること、上司・上級機関・政治機関の意思決定について助言し忠告し、ときには諫言することまで期待されているとも言われている[6]。

　こうした能動的責任の必要性は、福祉行政の分野では、より一層強く当てはまると言えるであろう。しかし他面で、能動的責任が求められるところでは、従来、応答的責任を規律していた法令などが、これまでのようには必ずしもうまく機能しなくなるという問題を抱えていることも、指摘しておかねばならない。

　一般に、「法令や命令などは、一定のしてはならないことを定めてこれを規制することや、あるいは最低限しなければならないことを定めてその不履行に制裁を科すのには有効な手段であるが、自発的積極的行動を促すのには決して有効な手段ではない」[7]と考えられるからである。つまり、能動的な応答が期

待される応答的責任の場合、法律、条例、規則などとして具体化されている責任に関する政治機関の意思が、応答者の現実の任務遂行の規準としては抽象的にすぎたり、不明確、不十分であるため、応答者自身の独自の裁量的判断によって、法律などの規定を解釈するといった作業が、不可避的に発生せざるを得ないところがあるのである。

実際、福祉行政の分野においては、例えば、任務的責任として設定された各種の福祉の措置について、その権限を行使するかどうかは、結局のところ行政の裁量的判断に任されるとする、いわゆる「職権主義」を基本とする運用が行政実務においてなされてきた結果、措置を行わなかったとしても裁量の範囲内の事柄として責任が問われないなど、応答的責任の局面の対応に関してきわめてルーズなところがあったことは否定できないのである。かくして、裁量の問題が、行政責任（とりわけても応答的責任の問題）を統制するうえでの核心的な問題の1つを成すにいたることになる。

それでは、こうした裁量問題の存在を前提にした場合、応答的責任を統制するにはどうすればよいであろうか。

1つには、裁量の問題というのは、国会や自治体の議会などの政治機関が、行政の任務の範囲の限界づけと任務遂行の基準を明確に指示している度合に応じて発生する性質の問題であるのだから、可能な限り明細な基準を定めていくことを通じて裁量が行使される領域を限定していく、ということが考えられよう。能動的責任が大きな意味をもつ福祉行政においては、こうした方向での対応は、前述のごとく確かに難しい面もあるわけだが、しかしその余地がないわけではない。例えば保育所の入所資格の問題に関して、点数化されたかなり明細な基準が存在していることはよく知られている事柄である。このことは、現実にサービスを受給できるかどうかはともかく（例えば保育所入所基準によって保育所サービスを受給する資格はあるが優先順位との関係で実際には保育所に入所できないということがある）、少なくとも法所定の受給要件に該当しているかどうかという資格の問題については、応答的責任との関係でそれなりに明確に設定しうる余地があるということでもある[8]。また、要介護認定について全国一律の客

観的な基準を設定し、その基準を機械的に提供することで、要介護度の決定をしていけるようにしている介護保険制度なども、ある意味でこうした方向での応答的責任の統制をより明確に制度化したものだとも言えよう。

　しかしながら、基準化というのは、本質的に「一定のしてはならないことを定めてこれを規制すること、あるいは最低限しなければならないことを定めてその不履行に制裁を科すのには有効な手段であるが、自発的積極的な行動を促すのには決して有効な手段ではない」という限界を有していることも、忘れてはならない。例えば福祉行政における相談援助機能の問題を考えれば分かるように、行政責任の対象となるサービスには、ニーズの個別性や多様性、あるいは福祉の専門性といったこととの関係で、基準化の困難なものとかなじまないものというのがあり、こうした問題の責任は残らざるを得ない。しかも、福祉行政の領域では、こうした責任こそがある意味で決定的に重要なものなのだとも言えるのである。

　したがって福祉行政における公的責任の統制という点で重要となるのは、このような応答的責任による統制の限界を踏まえて、自発的・積極的な行動が求められる能動的責任の統制に適した統制の仕組みを別途用意していくことなのである。そしてこの点とのかかわりで、大きな意味をもってくるのが実は弁明的責任なのである。

5　弁明的責任

　弁明的責任（アカウタビリティー accountability；説明責任と呼ばれることもある）というのは、元来は、政治機関および上級機関に対する制度的責任の一環として、下級機関が上級機関の問責に応答して自己のとった行動について弁明する責任を意味していた。ところが今日では、行政機関が自己の遂行する政策・施策・事業についてその背景・意図・方法とその成果などを広く国民一般に対して明らかにし、その理解を求める責任にまで拡張されている。つまり、責任を負うべき対象が国民の代表機関である政治機関のレベルをも越え、究極の監督

者である国民（the Public）のレベルにまで引き上げられているのである。弁明的責任にみられるこうした展開のもつ意味の大きさは、今日、アカウンタビリティーが、透明性とならんで新しい行政のあり方を示すキーワードとなっていることにもあらわれていると言えるが、責任論との関係でここで特に指摘しておきたいことは、これにより、責任の問題を政治機関を介さずに直接的に国民や住民との関係で論じる道筋が開かれることになったという点である。

　ところでこの弁明的責任は、福祉行政の分野においてはとくに大きな役割をはたすことが期待される。その1つが、福祉行政における応答的責任の限界を埋め合わせる役割である。これまで述べてきたことからも分かるように、行政の公的責任にはある種の連関構造をみて取ることができる。すなわち、行政責任の問題は、任務的責任が設定される局面からはじまるが、その任務的責任には規範的要素と機能的要素とがある。そして規範的なレベルでの責任が機能的なレベルでの責任に具体化されていき、さらに機能的なレベルにまで具体化された責任の問題を中心にして応答的責任の局面へとつながっていく[10]。

　ところが福祉行政においては、各福祉法の理念・目的に関する規定と具体的なサービス規定との間にあるギャップを想起すれば分かるように、規範的なレベルでの責任の具体化（機能的レベルへの具体化）が、応答的責任を明確に問えるほどには必ずしも十分になされていないところがある。また、サービス規定に具体化された機能的なレベルでの責任についても、前述のごとく行政の能動的な責任の問題として自発的・積極的な裁量行使が求められる面がかなりある。

　いずれにせよ福祉の領域には、応答的責任の統制の問題を難しくする行政裁量を承認せざるを得ない状況が多分に存在しているのである。そしてこうした中で意味をもってくるのが、「裁量的行為者は、その行為を合理的に説明できなければならない」という、弁明的責任観念の中核の1つを構成する要請である。つまり裁量の存在を認めざるを得ないとしても、「規範的なレベルの責任にかかわる理念や原理を実際の機能（サービス）としてどう具体化しているか」とか、「サービスの水準がどうしてこうしたレベルなのか」といったことについて、問責し説明を聴くということは可能であるし、こうした問責に対して合

理的な説明を行えるように意識させることは、積極的な意味での裁量の行使を圧迫せずに行政責任の統制の実をあげるには有効な方法なのである。

なお、このような問責と説明の場としては、いろいろなものが考えられよう。政治機関としての国会や自治体の議会など、伝統的にそのような場として考えられてきたもの以外にも、今日では例えば、福祉行政においても一般化してきた行政計画もそうした場として考えていくことができる。つまり計画づくりやその見直しの過程で行われるはずである「住民との合意形成の過程」自体が、そうした問責と説明の場としての役割をはたすことになるのである。その他にも、各地の自治体で導入され始めたオンブズマン制度なども、一般的には次の制裁的責任の問題にかかわる救済システムの1つとして受け止めるのが普通だろうが、オンブズマンから改善勧告が出されると、行政当局はそれに対してどのような改善策などを講じたのか（あるいは改善が難しい場合にはその理由）を報告し説明しなければならないことになっており、その意味である種の弁明的責任を果たす場としてみていくことも可能であろう。

6 制裁的責任

弁明的責任の局面において、行政が住民の納得できるような説明を行うことができないときには、次の局面として行政は制裁的責任（liability）を問われることになる。この場合、制裁者となるのは、国民や住民の代表者である国会や地方自治体の議会、あるいは国民の名において判決を下す司法裁判所などであるが、効果的な制裁をなしうるのは一般的には法的責任を問うことになる裁判所であると考えられている。[11] 実際、福祉行政の領域においても、国家賠償法に基づいて自治体や国の責任が問われたり、行政事件訴訟法に基づく行政処分の取り消し訴訟で行政庁の責任が問われたりしている。[12]

しかし福祉行政の分野において、制裁的責任を裁判所が法的責任の問題として追及していくということには一定の限界がある。朝日訴訟の最高裁判決が、「何が健康で文化的な最低限度の生活であるかの認定判断は、いちおう、厚生

大臣の合目的的な裁量に委ねられており、その判断は、当不当の問題として政府の政治責任が問われることはあっても、直ちに違法の問題を生ずることはない」と述べているように、法的責任を問うためには、その責任との関係で違法性があることを主張できなければならないわけだが、これまで述べてきたように、行政の裁量領域を相当程度認めざるを得ない福祉の分野では、違法性の問題として構成することが難しいところがあると言わざるを得ないからである。

　ただしこうしたことを認めた上で、2つのことを付言しておきたい。第1に、応答的責任のところでも言及しておいたように、自由な裁量領域の存在が不可避であっても、それを真に必要なものに限定する試みは最大限行う必要があるという点である。福祉行政だからということで、ややもすると不必要な裁量までもが正当化されてしまうことがあるからである。第2に、当不当の問題であっても、制裁的責任の局面での統制をなすことが不可能ではないという点である。例えば、福祉オンブズマンなどの準司法的ないし非司法的な仕組みというのが存在する。福祉オンブズマンによって問われる責任には、違法ではないかもしれないが不当な事柄も含まれるのである。自由な裁量領域というものを認めることが、一定の積極的・肯定的な意味を持つ福祉行政だからこそ、こうした仕組みを発展させていかなければならないといえよう。

　なお、強制力をもたないオンブズマンには、裁判所のような強力な制裁機能（損害賠償を命じるとか違法な行政行為の取消を命じるなど）があるわけではなく限界があることもまた事実である。その意味で重要となるのは、先にも触れたように各局面の責任を連関させながら責任問題に対していくという視点であろう。例えば、オンブズマンの是正勧告には、制裁という局面で言えば確かに強制力はないかも知れないが、その代わりに、弁明的責任局面のところで述べたような問責し説明を求めるという機能がある。その機能を有効に使うことによって、強制力をもたないことの限界をある程度はカバーすることが可能なのである。いずれにせよ、福祉行政の分野では、こうしたいくつかの責任の局面が連動して機能する総合性が重要な意味をもつであろうことを強調しておきたい。

7 公的責任と個人責任

公的責任の問題が論議されるとき、必ずといってよいほど議論の対象となるのが個人責任の問題である。しかもその場合に、公的責任と個人責任とが対置されて論ぜられることが多い。例えば、社会保障制度審議会の社会保障将来像委員会第1次報告書（1993年）は、「公的責任と個人責任」という節の中で「国民の生活のすべてを公的部門が保障すべきであるとはいえず、基本的には生活の維持・向上は国民各自に第1次的責任がある。社会保障は国民自らが生活を維持できなくなった場合に公的部門が生活保障を行うものとして確立されたが、今日においてもその意義は失われていない」と述べている。

このように、個人責任が公的責任と対置されて議論される場合、それは自助責任ないし生活個人責任として観念されていると言えよう。個人責任を構成する重要な部分としてこうした自助責任があることは確かである。しかし、ここであらためて指摘しておきたいことは、個人責任の問題というのは「はたして自助責任の問題だけなのか」という問題である。個人責任には、公的責任と対置するのではない関係の仕方があるのではないだろうか。

1つは、生活個人責任を効果的に果たせるようにするための公的責任という関係が考えられる。自助責任が基底にあってそれでできない場合に国家責任でという公的責任の位置づけは、ある意味で救貧制度的な位置づけでもあると言ってよいだろう。救貧型を乗り越えた公的責任とは、生活の破綻の時だけ発動するものではなく、国民の生活の維持・再生産についての恒常的責任である。[13]つまり、国民の生活の維持・再生産ということを通して自助責任の下支えをしているとみることができるのである。

もう1つは──そしてこれは、これまでの論述とのかかわりで特に強調しておきたいことでもあるのだが──、民主主義国家における主権者としての個人の責任にかかわる問題である。この点で紹介しておきたいのは、イギリスの著名な福祉行政の研究者であるW. A. ロブソン（Robson）の、「対応する福祉社

会なくしては真の福祉国家の享有はあり得ない」という言葉である。[14] つまり、イギリス福祉国家の危機の原因を財政危機だけではなく、主権者としての国民の主体性の欠如の中にも見出したロブソンが、1人ひとりの市民の主体的な取り組みから生まれる福祉社会の下支えがあってこそ福祉国家の理念が実現されるのだということを、この言葉によって主張しているのである。

　主権者としての国民の主体性が問われる事柄はいろいろ考えられようが、その中の重要なものの1つに、行政活動に対する積極的な意味での統制ということがあると言えるのではないだろうか。つまり、自発的・積極的な行政活動とか能動的な行政責任の発揮が求められる福祉の分野だからこそ、行政の自由な活動を期待して自らは単にサービスを受け取るだけという立場に甘んじるのではなく、積極的な意味で行政責任を問うていくという姿勢というのが求められると考えられるからである。例えば弁明的責任などは、こうした国民（住民）の関与がなければまったく無内容なものになってしまうであろうし、本章で述べてきた行政責任のサイクルを循環させていくためにも、国民（住民）の能動的な関わりは不可欠である。個人の責任を効果的に果たすために、公的責任のかかわりが重要だったように、行政の公的責任の遂行を効果的なものにしていくためには、主権者としての個人がその責任を果たしていくことが、同じように求められていると言ってよいのではないだろうか。

　福祉の分野では、自己責任というと、とかく自助責任のみが強調されがちであるが、むしろ日本の今の政策動向などを考えるならば、福祉の分野こそ、自助責任とは違ったこのような意味での個人責任を強調していく必要があるように思われるのである。

1）　障害者関係3審議会の意見具申の「1．基本的考え方」における指摘は次の通りである。
　(1)　ノーマライゼーション及び自己決定の理念の実現のために、利用者の選択権を保障し、また、利用者とサービス提供者との間の直接で対等な関係を確立するなど個人としての尊厳を重視した、21世紀にふさわしい利用者本位の考え方に立つ新しいサービス利用制度とする必要がある。

106 Ⅱ 措置から契約へ

　(2) 新しいサービス利用制度の検討に当たっては、
　　①福祉サービスの供給基盤の整備を推進すること
　　②公的責任や公費負担を後退させないこと
　　③利用者の権利擁護システムを整備すること
　　に十分留意する必要がある。
2) 行政責任に関する議論については、足立忠夫「責任論と行政学」『行政学講座第1巻』（東京大学出版会、1976年）、同『行政学』（日本評論社、1992年）241頁以下、西尾勝『行政学（新版）』（有斐閣、2001年）399頁以下、佐々木信夫『現代行政学』（学陽書房、2000年）195頁以下、今村都南雄・武藤博己・真山達志・武智秀之『ホーンブック・行政学（改訂版）』（北樹出版、1999年）204頁以下、などを参照。
3) 今村他・前掲書（注2）206-207頁参照。
4) 足立・前掲論文（注2）248頁参照。
5) このように押さえた場合、公的責任を果たしているかどうかという観点からは、当然、「サービスの提供責任から条件整備責任へ」ということが、規範的なレベルの責任の具体化として妥当なものなのか、あるいはそうした具体化だけで十分なのか、といった問題設定による検討が求められてくることになる。なお、「措置から契約へ」ということの問題も、規範的なレベルの責任の具体化の方法の問題という位置づけで論じていくことが可能である。
6) 西尾・前掲書（注2）400頁参照。
7) 西尾・同上。
8) もっとも行政実務の解釈では、保育所入所基準は、政治機関（立法の権能を有する機関）の意思に由来する基準（法律などに基づく基準）ではなく、単なる行政の内部基準（法規性のない基準）でしかないとされ、残念ながら現実には応答的責任が明確に問えるようにはなっていない。そして、こうした応答的責任の現実的弱さが、措置制度批判の1つの論拠――そして介護保険制度の優位性を示す1つの論拠――とされてきたわけである。しかし行政法の理論では、裁量行使のための法規性のない行政の内部基準であっても、「平等取り扱いの法理」や「先例拘束の法理」などを活用して、法解釈によりそうした基準に法規性を持たせることは可能だとされている。その意味で、福祉行政に関してもかかる方向での法解釈を発展させることで、措置制度下での応答的責任の統制ということも十分に考えられることであるといえよう。福祉行政における基準の問題については、本書第2章を参照。また「保育所入所基準」の問題については、本書第6章第4節の中の「裁量的判断による順位づけ」も参照のこと。
9) 西尾・前掲書（注2）401-402頁参照。
10) もちろん、応答的責任の局面で、規範的なレベルでの理念や原理にかかわる責任が問題になることもありうる。児童福祉とか老人福祉などの理念や原理への応答が適切かどうかという問題の設定は当然考えられるからである。ただし、実際にはかかる問題も、機能的レベルに具体化された責任が理念や原理の問題に照らして適切かどうか、といったことを通じて論じていかざるを得ないであろう。

11) 足立・前掲論文（注2）249頁参照。
12) 無認可保育所における事故の行政責任が国家賠償法により争われた事例（千葉地裁松戸支部1988年12月2日判決・判時1302号133頁）；ホームヘルパーの派遣処分をめぐって行政の責任が争われた事例（大阪地裁1998年9月29日判決『賃金と社会保障』1245号、1999年、30頁）。
13) 真田是「社会保障・社会福祉の公的責任について」『総合社会福祉研究』第15号、1999年。
14) W. A. ロブソン（辻清明・星野信也訳）『福祉国家と福祉社会』（東京大学出版会、1980年）215頁以下参照。

Ⅲ
裁量の手続的統制
―手続的公正と参加―

第6章　福祉サービスの給付過程と手続的公正

1　優先順位の決定と公正な手続き

　福祉行政の過程というのは、言ってみれば、福祉サービスとして提供される諸給付を、要保障状態にある国民に結びつけていく一連の手続きの過程のことである。したがって福祉の権利ということを考えるにあたっても、給付内容に対する実体的な権利の問題とともに、そうした一連の手続過程を、福祉に対する権利保障にふさわしい形でいかに進めることができるか、という手続き的な側面の問題もまた重要な意味をもってくると言えるのである。ところで、このような手続過程のあり方を考えていくにあたって、1つ大きく問題となってくるのが、提供可能なサービスの資源には限りがあるということである。つまり仮に資源の有限性ということを理由に、需要の抑制ないしコントロールという観点のみが突出することになると、権利保障という点で手続過程が本来有すべき意義が背景に追いやられ、手続きのあり方として疑問を抱かざるを得ないような様々な手法が、そこに介在してくることが予想されるからである。こうした問題との関連で興味を引くのが、イギリスのある研究者による次のような指摘である[1]。すなわち、「社会サービス機関は、利用可能な限られた資源の範囲を大きく超える要求に常に直面している。（こうした状況の中で）これらの有限な資源を、申し立てられた多くの要求の間でいかに配分すべきかを決めるため、何らかの形でのラショニング（rationing）を行わざるを得なくなっている。……サービスに対する要求は、次のような手法によって制限を受けるかも知れない。サービスの範囲から、潜在的なクライアントの大きなグループを排除する様々な種類の法律上の資格条項（eligible clauses）の設定；潜在的利用者の支

払い能力を超えるようなサービスに対する負担金や料金（a charge or fee）の賦課；スティグマという脅しを通じての申請の抑制；どんなサービスが利用可能なのかについての大衆の無知；申請手続の複雑さ；サービス提供者自身の個人的な先入的偏愛（predilection）；潜在的クライエントを他の機関へ振り向けること；アクセスの容易な場所に地区事務所を配置しないとか、事務所がどこにあるかを示す看板を外に置かないといったような、アクセスに対する物理的障壁の設定、などである。これらや他の多くの手法のそれぞれが、サービスを求める要求の量を対応可能なレベルにまで減らすために利用されているのである。そして、潜在的な要求が大きくなればなるほど、そうしたラショニングのテクニックが一層はっきりと表れてくる傾向があるようにみえる。多くの行政部局は、以上のようなやり方でのサービスへのアクセスの制限に加えて、あるいはそうしたやり方の代替策として、水増し（dilution）——すなわち、その有限な資源を薄く広く行き渡らせること——によるラショニングも行っている。普通これには、提供されるサービスの中身の削減および（または）、サービス水準の低下が、関係してくる。水増しという手法は、誰がいかなるサービスを受けるべきかを決定するという困難な問題を、可能な限り少なくする。しかしそれは、（サービス内容が薄まってしまうため）受けられたサービスで適切にニーズを満たせるのは、少数の者に限られてしまうかも知れないという理由から、（逆に）浪費的であることも多い」。

　イギリスやアメリカにおいては、サービス行政、とくに保健、医療、福祉にかかわるサービス行政が論じられる際、今述べたようなラショニングの問題が、重要な論点としてしばしば議論の中に登場してくる。ラショニングというのは、日本語では「割り当て」と訳されることもあるが、要するに、サービスの供給量や資源に制約がある中で、その供給量や資源を上回る需要が存在する場合に、公正とか公平性、さらに効率性といった観点からいかに合理的にサービスを割り当てていくか、という問題設定をさす言葉である。近年英米では、とくに医療制度改革とのからみで活発な議論が展開されている[2]。

　わが国の場合、サービスのラショニングに関する様々な手法を、このように

需要の抑制やコントロールの問題と意識的にかかわらせながら取り上げるというのは、あまり一般的な問題設定とは言えないのかも知れないが、それでも同じような課題をわが国も抱えていることは、疑いのないところであろう。たとえば、福祉サービスについて住民に周知させるための努力がどれだけなされているであろうか。むしろ、「本当に困っていれば、積極的に知らせなくとも住民の方から何とかしてやって来るはず」という姿勢がとられることも、稀なことではないようにもみえる。このような姿勢の背後には、「積極的に知らせると、要望が増え対応できなくなる」という気持ちが、意識的にではないまでも、働いているのではないのだろうか。あるいは、窓口での対応の冷たさが、生活保護を受給したいとする気持ちを萎えさせているというのは、よく指摘される問題だが、これなどは、スティグマを通じての申請抑制の1つの例とも言えよう。

　それでは、こうした社会福祉サービスの給付過程にみられる問題に対して、どのような対応を考えることができるであろうか。まず追求されるべきことは、言うまでもなく利用可能な資源そのものを増やしていくことであろう。これにより、需要の抑制やコントロールを求める圧力自体を減らすことができれば、公正な手続きとして疑問を抱かざるを得ないような手法をわざわざとる必要もなくなってくるからである。ただし、これで問題が完全に解決するわけではない。利用可能な資源が増えれば、問題が量的にも質的にもかなりの程度緩和されることになるのは確かだが、資源の有限性という、問題そのものを生み出す前提となっている基本的構造自体が、解消されるわけではないからである。そこで、資源を増やす努力とならんで重要になってくるのが、資源の有限性という制約のある中での福祉に対する権利保障にふさわしい公正な手続きのあり方の検討なのである。ただ、先にも触れたように、日本の場合、こうしたラショニングという問題設定での議論に対して、これまで必ずしもなじみがあるというわけではなかった。しかも近年の福祉サービスの契約化という流れの中で、こうした傾向はますます強くなっているようにも思える。つまり、契約による利用者の選択ということが問題になっているときに、行政によるサービスの割

り当てという問題を論じることは意味はない、というのである。しかしながら、今日の日本の状況においても、ラショニングの問題を論じることにはなお意味があるものと考える。まず、契約化が進行している中においても、行政による優先順位の決定というプロセスはなお必要とされている。例えば、保育所の新たな利用手続においても、希望者が多い場合には行政が優先順位に関して「公正な方法で選考すること」が法律上求められている（児童福祉法第24条第3項）。また、施設と利用者との直接契約制度を基本とする介護保険制度の場合にあっても、自治体によっては、特別養護老人ホームに入所を希望する人を、自治体が各施設に振り分ける独自の方式をとっているところもある。また、そもそも介護保険制度が導入されたからといって、自治体が独自に行うサービス――ラショニングということがここではまさに問題となってくる――自体がなくなるわけではない。むしろ介護保険が、その期待されている役割を果たすためにも、自治体が提供するこうしたサービスが不可欠であると考えられているのである。さらに近年では、老人保健福祉計画や介護保険事業計画、地域福祉計画などにみられるように、保健・福祉サービスの領域でも計画的な手法が重視されつつあるが、こうした計画の立案においては、優先順位の決定という、ラショニングに関する議論でまさに問題になっていることが、きわめて重要な意味をもってくるのである。

2　福祉行政と手続的公正

　まず、ラショニングの問題を議論していくための前提として、手続的公正（procedural fairness）ということについて多少言及しておくことにしよう。
　一般に、行政の様々な行為における手続的公正の問題は、英米法でいうところの「自然的正義（natural justice）」や「デュープロセス（due process）」といった法原理に由来する諸原則とのかかわりで、議論されることが多い。福祉行政も、行政活動の一環として実施されている以上、当然こうした手続的公正に関する諸原則の適用を受けることになると言える。ここではそうした諸原則の

うち、福祉行政におけるラショニングのあり方を考える上で、とくに重要となると思われるものを取り上げておくことにしたい[4]。

第1に、「事案に合理的関連性のない（irrelevant）事柄を考慮してはならない」という原則である（他事考慮の禁止）。つまりサービスの給付決定にあたって、決定権限を有する者は、考慮すべき（あるいは、考慮できる）事項として定められていることのみに基づいて、決定をしなければならないということである。たとえばイギリスでは、福祉サービスのラショニングに際して、クライアントが「非難される点がないという意味でまともか、それとも無気力でダメか」（'decent' or 'feckless'）というようなことを、地方当局のワーカーが考慮に入れることがあり、アンフェアだといった指摘がかねてからなされ続けてきたという。こうしたやり方の不当性については、救貧法の時代とは異なり今日の福祉システムの下では、いわゆる救済に値しない貧困者（undeserving poor）に対しても給付すべきことになっているといった、いわば実体的な（あるいは実体法上の）理由をもって問題にすることも可能であるが、それとは別に、決定権者が、権限内の事項として認められていない事由を考慮に入れて下された決定だからという理由で、その不当性を主張することも可能である。後者の場合においては、手続的公正として求められている要件に違反しているということが、まさに主張の根拠とされているのである。

第2は、「同様なケースは同じように取り扱われなければならない」とする原則である（公平 equity の原則あるいは平等な取り扱いの原則）。ある意味では、この原則は、他事考慮を禁じた第1の原則を、別の角度から眺めたものとして理解することもできる。なぜなら、同様のケースを同じように取り扱うということを怠る典型的な場合の1つとして、状況や条件が基本的に同じであるにもかかわらず、他の者に対しては考慮されなかった事由が考慮されて異なった取り扱いを受けた、といったケースを挙げることができるからである。このように、公平性の原則は第1の原則と重なってくる部分があるわけだが、しかしそれだけではない。他面で公平性の原則は、他事考慮の禁止よりも広い範囲の問題をもカバーしている。たとえば、同じようなケースを同じように取り扱わな

いという事態は、決定権者が意識的に関連性のない事柄を考慮することによってだけではなく、決定権者に無意識的なバイアス（unconscious bias）がかかっていることによって生じることもある（偏見とか利害関係といった問題の存在形態の複雑性を思えばこうしたことも十分考えられると言えよう）。公平性の原則においては、たとえばそのような問題も射程距離に入るのである。

　ところで手続的公正を基礎づける「自然的正義」というのは、決定に服する者に対する偏見とか決定者自身の利害関係などといった「バイアスの排除（absence of bias）」という要請と、充足すべき基準や立証されるべき事実について事前に知らされるべきことや、証拠や主張を提出する機会が与えられるべきことなどを内容とする「告知と聴聞（notice and hearing）」という要請の、2つの基軸となる要請から成り立つとされている。[5] 前述した第1および第2の原則（他事考慮の禁止の原則および平等な取り扱いの原則）は、このうち前者の「バイアスの排除」をサービスのラショニングの場面において具体化するものとして、とらえることもできよう。それに対して、後者の「告知と聴聞」において求められている要請を、ラショニングの場面において具体化する機能を果たすのが、「行政は決定に際して、受給者の当事者としての地位（the beneficiary's standing in the matter）を承認しなければならない」とする、第3の原則である。受給者を、発言権も主体性も持たない単なるサービスの受け手としてではなく、独立した当事者としてサービスの割り当ての場面にできる限り関与できるようにするための環境を用意することが、この原則の眼目である。したがってたとえば、割り当てられることになる給付についての必要十分な情報を、潜在的受給者が得られるようにしておかねばならないとか、関連する手続きの下での権利と義務について、潜在的受給者がよく承知しておくようにしておかねばならないとか、決定の理由を説明しなければならないなどといったことは、この原則において特に重要となる事項だと考えられる。

　さて、以上に紹介した3つの原則に加え、手続的公正に関しては、その他さらに次のような2つの原則が取り上げられることもある。1つは、「決定者が、決定についての正当な権限を有していること」という原則である。こうしたこ

とは、わざわざ原則化するまでもない、当たり前すぎるようなことという気もしないではない。しかしラショニングに関する行政過程においては、正当な権限を有しない者がゲートキーパーとしての役割を果たす中で、実質的な決定にあたるようなことを事実上行っている例が少なからずみられることを考えると、やはりあらためて確認しておく必要のある原則だと言えよう。

　もう1つは、「決定権限が、当該決定を基礎づけている一連の諸準則（rules）に照らし合わせて、適切に行使されること」という原則である。たとえば、準則上は存在しない手続きを設定して事前のチェックを行い、それを通じて正式な申請を思いとどまらせるとか（福祉給付を受ける際に事実上行われている「相談」などは、こうした問題をはらむ可能性がある）、決定を行う権限と責任があるにもかかわらず、その責任を果たすことを懈怠し、給付を受けられない状態を結果的にもたらしている（つまり不作為というかたちでの不適切な権限行使）などは、この原則との関係で、手続的公正に反するという評価を受けることになろう。

　以上が、福祉行政におけるラショニングの問題を考える上で重要になると思われる、手続的公正に関するいくつかの原則である。そこで次に、これらのことを念頭に置きながら、ラショニングの手法について具体的に検討を加えていくことにしたい。

3　ラショニングの手法と手続的公正

　本章の冒頭においても紹介したように、資源が必要量に対して不足している状況の下で、ラショニング、すなわちサービスを割り当てる対象者を絞りこむのに用いられる手法には様々なものがある。イギリスでの議論を参考にしながら、そうした手法をリストアップするとすれば、次のようなものを挙げることができよう[6]。

- サービスを利用しようとする者にスティグマを課すような手続き（stigmatising procedures）
- サービスを提供する側の個人的偏愛（predilection）

- サービスについての無知や理解不足や誤解
- 手続きの複雑さ
- アクセスに対する物理的障壁の設定
- 他の機関への振り向け（deflection）
- サービスの水増し（dilution）
- 資格要件（eligible conditions）
- 抽選（lottery）
- 順番待ち（queue）
- 専門家等による裁量的判断
- 費用徴収による利用者の金銭的負担

　これらの手法のうち、〈スティグマを課すような手続き〉〈サービスを提供する側の個人的偏愛〉〈サービスについての無知や理解不足や誤解〉〈手続きの複雑さ〉〈アクセスに対する物理的障壁の設定〉などの手法が、上述した手続的公正に関する諸原則と本質的に相容れないものであることは明らかであろう。たとえば、スティグマや個人的偏愛の問題が、「平等な取り扱い」という公正の原則に抵触し、無知や手続きの複雑さや物理的障壁の問題が、「受給者の当事者としての地位の承認」の原則に反するというのは、説明するまでもない明白なことである。ことに、看板を外に出さないとかアクセスしにくいところに事務所を設けるなどの物理的な障壁を、仮に意図的に行うことがあるとするなら、それは手続的公正を云々する以前の問題であり、福祉の分野においては論外のやり方と言えよう。いずれにせよ、これらの手法は、たとえ資源が足りないという制約があったとしても、用いることは許されないと考えるべきであろう。
　次に、手続的公正との関係で微妙な位置にあるのが、〈他機関への振り向け〉と〈サービスの水増し〉という手法である。まず他機関への振り向けであるが、この手法自体が手続的公正と本質的に抵触するわけではない。振り向け先の機関が、正当な権限を有していれば手続き上の問題はとりあえず生じないし、むしろそうした方が、求められているサービスの性質上より適切であるということも考えられる。しかし、もしそれが、もっぱら行政の便宜のために「たらい

回し」的になされるものであるならば、話は別である。そのようなたらい回し的な振り向けは、「決定権限の適切な行使」や「受給者の当事者としての地位の承認」などの手続的公正の原則に抵触するからである。もう１つのサービスの水増しの場合、さらに問題は微妙となる。つまりこの手法の場合、サービスの内容を薄めてできるだけ広く行き渡らせるというやり方がとられるため、潜在的受給者の中から不公正な仕方でとくに誰かを選ぶとか、あるいは逆にとくに誰かを選ばれにくくするといった問題を生じさせないですむ。その意味で、水増しという手法は、手続的公正との関係でとりたてて問題があるというわけではない。しかしそうだからといって、この手法をラショニングのやり方として、表立って推奨するわけにはいかないだろう。水増しというのは、たとえば具体的には、福祉施設において２人部屋だったものを４人部屋にするとか、週３回のホームヘルパーの派遣を１回に減らすということを意味する。こうした結果をもたらす手法には、いくら手続き的には問題が出ないとはいえ、素朴な抵抗感を誰しもが抱くであろう。また水増しの度が過ぎれば、サービスとしての意味がなくなり（たとえば、週１回のホームヘルプサービスなら来てもらっても意味がないという声をよく耳にする）、元も子もなくなるばかりか、意味のないサービスをいたずらに消費するということで、かえって資源の無駄となるおそれさえある。

　こうして、手続的公正の原則との関係で明らかに問題があるもの、あるいは微妙な位置にあるものとして以上に取り上げたものを除くと、ラショニングの手法として残る候補は、〈資格要件〉〈抽選〉〈順番待ち〉〈裁量的判断〉〈費用徴収〉ということになる。以下順次検討していくことにする。

4　ラショニングの手法の個別的検討

1　資格要件

　資格要件を通じてのラショニングという手法には、後述する諸手法と１つ大きく異なる点がある。それは、この手法の場合、資格があるかどうかという問

題を通じて、対象者が絞り込まれていくのに対し、他の手法においては、資格があること自体は既に前提にされていて、その上で対象をどう絞り込むかということが問われることになるからである。この点をまず確認したうえで、議論に入ることにしよう。

さて、資格要件を通じての対象者の絞り込みということを考えた場合にポイントとなる問題は、言うまでもなく要件の内容がどうなっているかということである。たとえば、老人福祉サービスを受給できる資格要件として、60歳を設定するかまたは65歳を設定するかで、対象となる潜在的受給者の数は大きく違ってくるのである。このように資格要件は、対象者の数を直接的に大きく左右する力を持っており、それだけに要件の設定に際しては、サービス目的に合理的関連性のない要件を設けて特定のマイノリティーグループを排除するといったことのないよう、公正の原理に照らしての吟味が強く求められていると言えよう。ただしここで指摘しておかねばならないのは、この資格要件の内容の問題というのは、実は、ここでの主題である給付過程における手続的公正という文脈との関連から言うと、ある意味で直接的には論じることのできない、いわば射程外の問題でもあるということである。というのは、そもそも資格要件というのは、法律等であらかじめ定められていて、個別具体的な事案の処理が問題となる給付過程の段階においては、既に所与のものとして存在している性質のものであるため、給付過程における手続的公正という観点からは、もはや如何(いかん)ともしがたいという事情があるからである。むしろこの問題は、議論の筋としては、手続き的な権利や公正の問題というよりも、内容的にどの範囲までを権利として認めるべきかといった実体的な権利や公正の問題として、別途論じられなければならない性格のものと考えられる。

このように、資格要件を通じての対象者の絞り込みという問題は、基本的には、法律等において資格要件の内容がどう設定されるかということをめぐって論じられる問題と考えられるわけだが、実際の福祉行政の実務をみていると、それとは別に、資格要件が適用される場面でも（つまり資格認定の過程でも）対象者が絞り込まれることがあるのがわかる。たとえば、資格要件そのものは変

わっているわけではなく以前と同じなのだが、公的扶助費の増大の抑制という観点から、母子世帯などある特定のグループの資格認定を厳しくするとか（とりわけ未婚の母などはそうしたターゲットになりやすいと英米などでは言われている）、保護率の高い地域の住民については他の地域に比較して厳しい認定を行うなどは、そうした適用場面における絞り込みの例と考えることができよう。そして、こうした適用場面（あるいは認定過程）における問題に関しては、手続的公正ということがまさに大きな意味をもってくるのである。たとえば上記の例で言えば、それらは明らかに平等な取り扱いを求める公平の原則に反するということになろう。また、そもそも資格認定においては、その者の有する事情や状態が、法律等で設定されている要件に該当しているかどうかによって、判断されるべきものであるということからすれば、公的扶助費の抑制という意図を介在させることは、考慮に入れるべきではない外在的な要因を考慮したということになり、手続的公正の原則の1つである他事考慮の禁止に反するということにもなろう（もっとも、仮に費用の抑制を意図していたとしても、表向きは「適正化」といったように説明がされるのが普通であるから、現実はそう単純ではないことが多いと思われるが）。

2　抽選による順位づけ

　資源が必要量に対して不足している状況の下で、資源の配分を受ける者を決めなければならないとき、手続き的にもっとも公正な仕組みとして、多くの人がまず最初に思い浮かべるのが抽選による割り当てであろう。実際、抽選という手法は、抽選に加わったすべての人たちに平等にまったく同一のチャンスを与えるという点で、ラショニングにおける手続的公正の基本型として位置づけることすらできるかも知れない。しかしこのような位置を占めるにもかかわらず、資格を有する福祉サービスの潜在的受給者の中から、誰にサービスを割り当てるかという問題に関して、抽選が主たる手法として用いられることは、イギリスにおいてもまた日本においても、むしろ稀なことと言ってよいであろう。これには2つの理由が考えられる。第1に、抽選では、新たに資格を有するこ

とになってやって来る潜在的受給者の取り扱いが、困難であるという点である。抽選の対象となる人々が固定しているとき、抽選は、それらの人々の順位づけを、何の問題もなくやすやすと行うことができるであろう。しかし、対象となる潜在的受給者が、新たに次々とやって来るとしたらどうなるか。もし、既に抽選によって順番が決まっていることを理由に、新しくやって来た人たちを加えないとするなら、それらの人たちを不公正に取り扱うことになるだろう。しかし、新たにやって来た人たちを加えて抽選をやり直すということになれば、今度は、公正な手続きで決まった順番を変更するのは不公正であると、先に抽選に加わっていた人たちから主張されることになろう。

　抽選が、福祉サービスに対してあまり用いられないでいる第2の理由は、抽選という手法においては、資格を有する潜在的受給者の間に存在する必要度の違いを、考慮に入れることができないという点があるからである。上述したように抽選には、対象となったすべての者を機械的にまったく平等に取り扱えるという特徴があるわけだが、このことは逆に言えば、対象者の違いをそこにはさみ込むことができないということでもある。純粋に手続的公正ということだけを問題にするなら、こうした違いを考慮に入れないことがむしろ求められるのかも知れない。しかし福祉サービスにおいては、こうした違いを踏まえることも、権利保障にふさわしい手続的公正の1つのあり方として必要になってくるのである。たとえば、同じ患者であっても救急の患者を優先的に扱うことを誰も不公正と思わないのと同じように、福祉の分野においても、介護の必要度の高い認知性老人やねたきり老人を、中度や軽度の要介護老人よりも優先することを、手続的に不公正なやり方だとは考えないであろう。「同様なケースは同じように取り扱わなければならない」という手続的公正の原則を、福祉行政において適用するに際しては、何をもって同様なケースと考えるかが、他の分野以上に重要なポイントになってくるのである。

　なお、抽選には上記のような問題がみられるのであるが、既に対象者が後述する手法などを通じて絞り込まれていて、そのような問題が生じる恐れがない場合には、抽選というのは、きわめて有力な手法であるということも付け加え

ておく。

3　順番待ち

順番待ちは、具体的な仕組みとしては、待機者リスト（waiting-list）に申し込み順に名前を載せていくというやり方が取られることが多い。またラショニングの手法として、イギリスでもっとも広範に利用されているものの1つである。日本でも、このタイプに属すると思われる手法が幅広く利用されている（たとえば特別養護老人ホームの入所に際しての順番待ちなどは、その典型的な例の1つと言えよう）。

この手法の特徴は、1つには、抽選の場合と同じく、資格を有するすべての者に給付を得るチャンスを平等に与えているという点である。つまり、待つことさえすれば、結局いつかは給付を得られるチャンスを誰もがもてるというのである。むろん、いつ列に並ぶかによって、待ち時間には当然差異が出てくるであろう。しかし、並ぶ時点がいつになるかというのは、それ自体、平等なチャンスという条件を満たすのに十分なほど、ランダムな要因に規定される事柄なのである。しかもこの手法の場合、抽選において、「新たにやって来た者」との関係でみられた問題で困るというようなこともない。ただし、この第1の特徴については、留意しておかねばならないこともある。それは、「順番待ちという手法が平等なチャンスを保障する」という評価が妥当であるかどうかは、待ち時間の価値や意味について、人々の間でどれぐらいの個人的相違があると考えるかによって、大きく変わる可能性があるということである。もし、待ち時間のもたらす不利益が、個人ごとに大きく異なるなら、平等なチャンスを保障するための条件を順番待ちという手法が満たしているという主張は、形式的には言えるとしても、実質的には意味のないものとなってしまうからである。

待ち時間の持つ意味の違いという問題については、いくつかの側面から考えることができる。まず、その対象となるサービスの性質によっても違ってくる。たとえば、乳児院や保育所といったサービスのように、特定のある一定期間だけ必要となるサービスの場合、「待ちさえすればいつかはサービスを得られる」

という論理が、通用しないことも考えられるのである。また、サービスを受け取る側の事情による違いということも考えられよう。つまり、抽選のところでも触れたように、資格を有しているという点では同じであっても、必要度や緊急度に違いがみられることもある。そうした場合、必要度や緊急度の高い人の1ヶ月と相対的に低い人の1ヶ月とでは、同じ1ヶ月でも意味がまるで異なってくるのである。

　ところで、抽選においては、こうした必要度の違いに対処できないことが1つの弱点であったわけだが、順番待ちの場合そうした必要度の違いをその中に取り込むことが可能である。つまりこの手法においては、一定のカテゴリーの潜在的受給者のグループが有利になるような操作を加えることが可能なのである。順番待ちという手法の有する特徴の2つめは、この点にある。たとえば、子どもの数や障害の程度などを基準にしたポイントシステム（点数制度）を付け加えることにより、ポイントの高いグループに属する者については、順番の進み具合を早めたり、あるいは進み具合の早い列（待機者リスト）を別に用意しておき、ポイントの高いグループをそちらに回す、といったことができるのである。もちろん、こうした操作を行うためには、その前提として操作そのものが——たとえばポイントシステム自体が——手続き的にも実体的にも公正であることが求められることは言うまでもない。とりわけ、当該グループを優先して取り扱うことについて、それ以外のグループが納得できるような合理的な根拠が存在することは、絶対的な条件である。なお、ポイントシステムによるグループ分けだが、それがある程度以上に細かくなされるようになると、「順番待ち」としての実体が薄れ、後述する「優先順位決定基準」による順位づけとほとんど変わらないものとなるであろう。

4　裁量的判断による順位づけ

　これは、専門家や行政機関による専門技術的な裁量的判断を通じて、順位づけ（優先順位の決定）を行うというものである。

　内容の検討に入る前に、あらかじめいくつか確認しておきたいことがある。

第1に、給付過程における裁量の問題が論ぜられるとき、一般にわが国では、受給資格の認定をめぐって行使される裁量が問題にされることが多いと思われるが、ここでは、資格が認定された後の段階（サービスの割り当ての段階）における裁量的判断が、問題になっているという点である。福祉の権利についての「エンタイトルメント」的な考え方になじみの薄い日本においては、この点の区別がややもするとつけにくいところがあると思われるので、まず確認しておくことにしたい。第2に、受給資格の問題については、法律や準則（法規性のある規則）において、程度の差はあるけれども、充足すべき要件等があらかじめ定められているが、ここで問題にしようとしている、資格を有する者の間での優先順位の決定ということについては、法律等に明確な定めのあることはほとんどない（せいぜいのところ、目的規定から一般的・概括的なことを推測することができる程度のこと）。この点で、手続的公正の一般原則による裁量的判断の統制が、より一層大きな意味をもってくるものと言える。第3は、専門技術的な裁量的判断行為といっても、その内容は決して一様ではないということである。医師の判断行為と同じようなレベルで、高度の専門性が発揮される必要のあるものもあれば、一般の行政職で対応可能なものもある。

さて、以上のことを確認したうえで、裁量的判断による順位づけの問題の検討に入ることにしよう。この問題で問われていることは、要するに、裁量的判断による優先順位の決定過程をいかに手続き的に公正なものとしていくことができるか、ということである。これには、2つの方向での対応が考えられる。1つは、不適切な裁量が行使される余地をできるだけ少なくしていくための取り組みである（裁量の制度的統制 the structuring of discretion）。そしてもう1つは、個別ケースについての手続的公正の観点からのチェックである。

まず前者の取り組みとしては、「優先順位決定基準の設定」ということが考えられる。この種の基準の具体例としては、保育所入所希望者が多数の場合の入所者決定に際して、わが国で広く使われているとされている点数制度をあげることができよう。ここでは、かかる点数制度の一例として東京都港区の基準表を掲げておくことにする。この表からもみて取れるように、かなり具体的な

内容の基準が設定されている。もっとも、優先順位の決定に関してこのような基準が用意されることは、わが国の場合必ずしも一般的ではないようである。もちろん、対象となるサービスの性質上、基準化することが困難であるということもあるかも知れないが、特別養護老人ホームでも入所者の優先順位を決めるための基準をつくる動きも一部にはあるようであり、こうした取り組みはさらに積極的に進められる必要があろう[9]。なお設定された基準については、公開されることが必要不可欠であることを強調しておきたい。これは、手続的公正の原則（とりわけ「潜在的受給者の当事者としての地位の承認」）から要請されることでもあるが、それに加え、そもそも公開されていなければ、裁量の制度的統制としての意味を失ってしまうからでもある。また、後述する個別ケースのチェックにおいて基準を援用するためにも、公開は必要である。

　さて次に、個別ケースについての手続的公正の観点からのチェック、ということについてみておくことにしよう。これは具体的には、さきに取り上げた手続的公正の諸原則、すなわち、「事案に合理的関連性のない事柄を考慮してはならない」（他事考慮の禁止）、「同様なケースは同じように取り扱わなければならない」（平等な取り扱いの原則）、「潜在的受給者の当事者としての地位を承認する」などの要請に、反するようなことがなされているかどうかを問題にしていくことになる。以下、いくつかポイントになると思われることを指摘しておくことにしよう。まず他事考慮の禁止に関しては、優先順位の決定にかかわる基準のようなものが設定されているかどうかが、大きな意味をもってくることになる。つまり、関連性があるかどうかを判断する場合に、そうした基準が一応の目安となるからである。たとえば、先程の保育所の基準表（加算調整指数）では、生活保護世帯について3ポイントプラスの調整を行うことになっている。この点を踏まえるなら、生活保護を受けていないが経済的に苦しい状況がある場合に、それを保育所入所の優先順位の決定にあたって考慮することは、他事考慮にはあたらないのではないかと考えられる。次に、平等原則の問題については、実際には他事考慮の問題と重なって生じる場合が多いと思われる。たとえば、そのケースが議員の紹介だからとか、地域の有力者や有力団体の紹介だ

図表6-1　東京都港区保育所入所基準及び期間

番号	保護者の状況（同居の親族その他の者が児童の保育に当たれない場合）			基準指数	期間
	類型	細目			
1	居宅外労働（自営除く）	週5日以上の就労	日中8時間以上の就労を常態	10	小学校就学始期に達するまでの期間
			日中6時間以上8時間未満の就労を常態	9	
			日中4時間以上6時間未満の就労を常態	8	
		週4日の就労	日中8時間以上の就労を常態	9	
			日中6時間以上8時間未満の就労を常態	8	
			日中4時間以上6時間未満の就労を常態	7	
		週3日の就労	日中8時間以上の就労を常態	8	
			日中6時間以上8時間未満の就労を常態	7	
			日中4時間以上6時間未満の就労を常態	6	
2	在宅勤務自営中心者	週5日以上の就労	日中8時間以上の就労を常態	10	
			日中6時間以上8時間未満の就労を常態	9	
			日中4時間以上6時間未満の就労を常態	8	
		週4日の就労	日中8時間以上の就労を常態	9	
			日中6時間以上8時間未満の就労を常態	8	
			日中4時間以上6時間未満の就労を常態	7	
		週3日の就労	日中8時間以上の就労を常態	8	
			日中6時間以上8時間未満の就労を常態	7	
			日中4時間以上6時間未満の就労を常態	6	
	居宅内労働内職その他自営協力者	週5日以上の就労	日中8時間以上の就労を常態	9	
			日中6時間以上8時間未満の就労を常態	8	
			日中4時間以上6時間未満の就労を常態	7	
		週4日の就労	日中8時間以上の就労を常態	8	
			日中6時間以上8時間未満の就労を常態	7	
			日中4時間以上6時間未満の就労を常態	6	
		週3日の就労	日中8時間以上の就労を常態	7	
			日中6時間以上8時間未満の就労を常態	6	
			日中4時間以上6時間未満の就労を常態	5	

3	求　　職	求職のため,日中外出を常態	4	2か月以内
4	両親不存在	死亡,離別,行方不明,拘禁	10	小学校就学始期に達するまでの期間
5	出　産 疾　病 心身障害者	出　　産		6	5か月以内
		疾　病	入院(入院内定者を含む。)	10	小学校就学始期に達するまでで必要としなくなるまでの期間
			居宅内 常時病臥	10	
			居宅内 精神性,感染性	10	
			居宅内 一般療養	8	
		心身障害者	身体障害者手帳1～2級　愛の手帳1～3度 精神障害者保健福祉手帳　1～3級	10	
			身体障害者手帳3級　愛の手帳4度	8	
			身体障害者手帳4級	6	
6	看　護 介　護	病院付添	入院付添	10	
			通院付添	8	
		施設等付添	週3日以上の付添	10	
			週3日未満の付添	8	
		自宅付添(介護)	寝たきり老人(重度重症心身障害者等の常時観察と介護)	9	
			上記以外の介護(心身障害者の場合は3級程度)	6	
7	災　　害	火災等による家屋の損傷,その他災害復旧のための保育に当たれない場合	10	
8	特　　例	前各号に掲げるもののほか,明らかに保育に欠けると認められる場合	5	

(注)
1　就労時間には,昼休み時間を含む。
2　入所要件が2項目以上にわたる場合は,基準指数の高い方とする。
3　不就労であるが就学技能習得等のため現に保育に当たれない場合は,8の特例とし,居宅外労働(週4日の就労)の指数を準用する。

調整基準
(1) 加算調整指数

番号	条件		指数
1	生活保護世帯		3
2	父母ともに身体障害者手帳1～2級又は精神障害者保健福祉手帳1～3級の障害者		2
3	父又は母が身体障害者手帳1～2級又は精神障害者保健福祉手帳1～3級の障害者		1
4	父又は母が聴覚言語障害者で身体障害者手帳3級の障害者		1
5	ひとり親またはこれに準ずる世帯		1
6	生計中心者が失業し、求職のため日中外出を常態		1
7	自営で危険なものを扱う業種の場合		1
8	就職決定,内定者	週5日以上で日中8時間以上の就労	4
		週5日以上で日中6時間以上8時間未満の就労	3
		週5日以上で日中4時間以上6時間未満の就労	2
		週4日で日中8時間以上の就労	3
		週4日で日中6時間以上8時間未満の就労	2
		週4日で日中4時間以上6時間未満の就労	1

(2) 減算調整指数

番号	条件	指数
1	父母を除く同居の親族に保育に当たれる人がいる場合	1
2	管外受託港区に勤務地がある場合（住所が確定している者を除く）	2
3	大使館関係職員等で就労の資格を有する査証・資格外活動許可書のない場合	2
4	保育料を滞納している場合（卒園者を含む。）	5

（出所） 港区保育の実施に関する事務取扱要綱

からということを考慮して有利な順位づけをしたとか，逆に，そのケースの申請者が地域の有力者や有力団体の意に添わない人物だからということで，不利な順位づけをしたという場合には，関連性のないことを考慮に入れたという点では他事考慮違反になるし，他方，決定に不当なバイアスがかかっているとい

う点では平等原則違反ということになるのである。さらに、当事者としての地位の承認、ということとのかかわりでは、決定についての理由を説明することが、裁量的判断による順位づけの場合きわめて重要であるということを強調しておきたい。それは、先に取り上げた「抽選」や「順番待ち」という手法の場合には、システム自体の特性として、自分が何故その順位を割り当てられているのかということが、とくに説明を受けなくともある程度見当がつくという面があるわけだが、裁量的判断による順位づけの場合には、何故そのような順位になったかについての説明を受けなければ、まったく判断がつかないからである。その決定が、手続き的に公正な過程を経て下されたかどうかを判断するためには、決定の理由を知るということは必要不可欠な条件なのである。

5 費用徴収

これまでみてきた抽選、順番待ち、裁量的判断という3つの手法は、いずれも潜在的受給者に何らかのかたちで順位づけすることにより、サービスを割り当てる者を絞り込んでいくというものであるが、こうしたやり方とは別に、資格を有する潜在的受給者に、給付に対する要求を思いとどませることによって、ラショニングの対象者を絞り込んでいくという手法も考えられる。たとえば、先に手続的公正の諸原則とは本質的に相容れないものとして位置づけた「スティグマ」などは、そうした絞り方をする手法にあたると考えられる。このようにこの種の手法の場合、手続的公正との関係で問題を有することになることが多いのだが、このタイプに属しながら、なおかつ手続的公正の要請を一応クリアしていると思われる手法というのも存在する。それが、費用徴収により利用者に対して金銭的負担を課すという手法である。

費用徴収とか利用者負担というのは、イギリスでも日本でも広範に用いられている手法であるが、それをラショニングとのかかわりで実際に論じるとなると、なかなか難しい問題が存在している。すなわち、抽選や順番待ちなどこれまで取り上げてきた手法は、もっぱらラショニングの観点から論じることが可能だったわけだが、費用徴収の場合には、それ以外にもいくつかの重要な観点

が存在している中で、論じていかなければならないからである。たとえばイギリスでは、費用徴収や利用者負担に、「歳入の増加」「需要の削減」「優先順位の変換」「濫用抑制」「象徴効果」などの多様な目標ないし観点が混在していることが指摘されている。[10] このように費用徴収には、様々な要素が絡んでくるため、ラショニングとしての手法に直接かかわる部分だけに限定して論ずるというのは、かなり難しいことなのである。しかもラショニングの手法としての費用徴収という観点は、そうした様々な観点の中でも比較的新しい問題意識であり、それだけに議論の蓄積や調査研究は多くない。経験的には費用徴収が、ラショニングの手法として広範に用いられ、大きな影響を及ぼしていることは明らかなのだが、その理論的検討はまだ緒についたばかりというのが現状なのである。そこでここでは、とりあえずこの段階で一般的に論じることができそうなことに絞って、簡単に指摘しておくことにしたい。

　費用徴収においても、手続的公正とのかかわりにおいては、潜在的受給者が平等な取り扱いを受けているかどうかが最大のポイントとなるのは、当然である。ここでまず問題となるのは、個人ごとに支払い能力の違いがあるということであろう。これについては、次のように説明することもできよう。つまり、個人ごとの違いということであれば、「待ち時間」についても言われていたわけであり（時間の価値の問題）、そのことを踏まえれば、支払い能力に違いがあるということ自体が、手続的公正に抵触する本質的な問題とは言えないであろう、という説明である。[11] しかしながら、「待つ」という対価は誰でも支払えるが、お金の場合は誰もが支払えるわけではない、という問題もある。その意味で、費用徴収というのは、その手法自体が手続的公正の原則上、本質的に相容れないものだというわけではないが、徴収額の設定いかんによっては、平等な取り扱いという原則と抵触する可能性をもっている手法でもあることを、認識しておく必要があろう。

　なおこのように費用徴収は、手続的公正という観点からみると、ラショニングの手法として必ずしも使いやすいものではないのだが、しかし現実には日本でもイギリスでも、近年ますます多用されるようになっており、その比重が高

まってきている。おそらくこれには、「歳入の確保」とか「受益に応じた負担」といった別の観点にかかわる要因が大きく作用しているものと思われる。したがって、ラショニングという文脈だけでは論じられないところが相当にあるであろう。しかしこのことを前提にしたうえでも1つ言えることは、それらの別の観点にかかわる要因に対しても、手続的公正の原則が制約原理として機能しうるということである。たとえば、歳入の確保とか受益に応じた負担といった要因が大きく作用する中で設定された当該サービスの料金が高額であるために、一部の低所得層のサービス利用が排除されたり抑制されたりしていることが明らかな場合には、当然、平等な取り扱いという手続的公正の原則を破るものと判断されることになり、料金を公正の原則に反しない額に抑えるとか、額の減免や免除の措置をとるなど、歳入の確保や受益に応じた負担といった観点を制約する方向での手だてを講じるといったことが求められることになろう。

5　合理的体系性のある枠組み

　イギリスでは、ラショニングに関してどのような仕組みが選択されるにせよ、次のような点に照らしてシステム全体の吟味を行うことが重要であるとされている。[12] すなわち、まず第1にサービス割当ての仕組みが全体として合理的で体系的であること、その上で第2に、個々のラショニングの手法が明確であること、そして第3に、その仕組みや手法が定期的に点検評価され見直されることである。日本の場合はどうであろうか。これらの点に照らすとかなり問題があるようにみえる。とりわけ問題なのは、合理性、体系性という点である。確かにわが国においても、「資格要件」「順番待ち」「費用徴収」「水増し」などから一連のアンダーグラウンドな手法（スティグマを課す、無知・理解不足、手続きの複雑さ等）まで、ここで取り上げた様々なラショニングの手法に該当するようなものをみいだすことができよう。しかし、それらが合理的・体系的に用いられているか——もちろんこれはアンダーグラウンドな手法を除いての話であるが——となると、かなりあやしくなってくる。つまりそれらの手法の中で、

サービス資源の割り当てということがそれなりに意識されている様子がみられるのは資格要件と費用徴収ぐらいのものであり、順番待ちとか水増しというのは、ラショニングとして意識的に行っているというよりも、たまたま結果的にそういう状態が生じているにすぎないように思えるのである（そもそも要求が利用可能な資源を上回っていれば、順番待ちや水増しは別に意図するまでもなく自然に生じるものであろう）。また、資格要件と費用徴収にしても、サービス資源の有限性に関する問題に意識が向いていたとしても、現実には需要の抑制といった点で意識されるのがほとんどで、優先順位の決定を合理的・体系的に行うというラショニングにとって重要な事柄が明確に意識されているわけではないであろう。もちろん、こうした体系性の欠如があったとしても現実の個々の場面で、それぞれの手法にかかわって手続的公正の観点からのチェックを行うことは可能であるし、また行わなければならない。しかし、そうしたチェックをより有効で意味のあるものとするためには、システム全体のあり方を抜きにして考えることができないこともまた確かなのである。[13]

1) S. H. Anthony, *The Point of Entry* (George Allen & Unwin, 1974), pp. 17-18.
2) Jo Lenaghan, *Rationing and Rights in Health Care*, (*IPPR, 1996*); Daniel Callahan, *Setting Limits*, (Georgetown Univ. Press, 1987)等。「ラショニング」という概念は、とりわけイギリスのソーシャル・ポリシーの議論においてよく用いられるものだが、ここで多少説明を加えておくことにする。ラショニングは、その対象となる資源の種類に着目して、「財政におけるラショニング（financial rationing）」と「サービスにおけるラショニング（service rationing）」とに分けて論じられるのが一般的である。このうち前者のラショニングというのは、競合する様々な要求に対して財政資源（予算）が配分されていく過程を問題にするものである。つまりここでは、予算総額のうちどのくらいを社会政策に配分するのか、そしてその上で社会政策の中のどの領域に重点を置いて配分するのか、あるいはどの事業を削るのか、といった財政資源に対する要求の優先性とその配分に関することが論じられるのである。これに対して後者の「サービスにおけるラショニング」では、そのようにして定まった予算の枠内で、サービス資源（福祉給付）を個々の潜在的受給者に結びつけていく過程が、論じられることになる。つまり予算の枠という縛りがかけられているサービス資源を、それを必要としている多数の人びとの中の誰に割り当てたらよいのか、といったことが問題となるのである。その方法は、本文でも紹介したように、明示的に行われるものから暗黙裏に行われるものまで非常に多岐に及んでいる。この問題につ

いては、大山博、武川正吾編『社会政策と社会行政』第5章「割当」（坂田周一執筆）を参照。ちなみに、本稿で論じられるのは、この分類でいうところの「サービスのラショニング」ということになる。なお、「ラショニング」に関する問題を体系的に論じた著書としては、坂田周一『社会福祉における資源配分の研究』（立教大学出版会、2003年）; K. ジャッジ（高沢武司他訳）『福祉サービスと財政』（川島書店、1984年）がある。

3） 例えば東京の品川区などがその例である。ちなみに、こうした特別養護老人ホームの待機者問題に対処するため、2002年8月に、指定介護老人福祉施設（特別養護老人ホーム）の運営基準等が改正され、介護の必要の程度や家族などの状況を勘案して、サービスを受ける必要性が高いと認められる者の優先的な入所に努めることとされた（「指定介護老人福祉施設の人員、設備及び運営に関する基準」〈2002年8月7日一部改正　厚生労働省令第104号〉、「指定介護老人福祉施設の入所に関する指針について」〈2002年8月7日付厚生労働省老健局計画課長通知〉）。その中では、「その運用にあたっては透明性及び公平性が求められるところであり、特に入所希望者が多い指定介護老人福祉施設については、こうした観点から、関係自治体と関係団体が協議し、入所に関する具体的な指針を共同で作成することが適当である」という趣旨のことが述べられている。

4） 英米法における「自然的正義」や「デュープロセス」の法原理と手続的公正をめぐる問題については、B. Schwartz & H. W. R. Wade, *Legal Control of Goverment : Administrative Law in Britain and the United States* (Clarendon Press, 1972) pp. 241-251 を参照。また、とくに福祉行政における手続的公正の問題については、D. Galligan "Procedural Rights in Social Welfare" in Anna Coote ed, *The Welfare of Citizen* (River Oram Press, 1992)、および Albert Weale, *Political Theory and Social Policy* (Macmillan, 1983) pp. 139-156、do., "Procedural Fairness and Rationing Social Services" in Noel Timms ed., *Social Welfare : Why and How* (Routledge & Kegan Paul, 1980), pp. 244-248 を参照。

5） B. Schwartz & H. W. R. Wade, *op. cit.*,（注4）pp. 241-243 および下山瑛二「手続的正義」同『人権と行政救済法』（三省堂、1979年）参照。

6） A. S. Hall, *op. cit.*,（注1）p. 17; Albert Weale, *Political Theory and Social Policy*, *op. cit.*,（注4）pp. 143-148, do. "Procedural Fairness and Rationing Social Services" *op. cit.*, pp. 248-254; R. A. Parker, "Social Administration and Scarcity", 2 *Social Work*, 24 (1967) などを参照。以下、イギリスのサービスラショニングの手法に関する本章の記述に関しては、上記の文献を参考にした。

7） 「エンタイトルメント」に関することについては、本書第1章を参照。ちなみに、保育所入所の不措置処分が違法として争われた損害賠償事件で、東京地裁判決（1986年9月30日、判例時報1218号93頁）が、「被告（K市）は、児童福祉法24条にいう『保育に欠ける』との認定判断は市町村町の自由裁量ないし合目的な政治的裁量に任されていると主張するが、『保育に欠ける』状況は本来客観的に存在し、その認定は覊束裁量処分であるといわなければならない。『保育に欠ける』との認定と入所措置をするかどうかの判断とは別個のものであって、被告の主張はこれを混同するものといわざるをえない」（同上、102

頁以下）と述べているが、これなどもこうした考え方を示している1つの例と考えることもできよう。本事案については、秋元「保育に欠ける児童に対する保育所入所措置をとらない違法性」（佐藤進他編『別冊ジュリスト・社会保障判例百選（第2版）』有斐閣、1991年所収）を参照。
8）　基準表は「港区保育の実施に関する事務取扱要綱」（http://www.city.minato.tokyou.jp/reiki/reiki_honbun/g1041049001.html　最終アクセス日2006年11月11日）からの引用である。
9）　上記の（注3）で言及した2002年の「入所指針」に関する厚生労働省の通知を受けて、自治体の間では、特別養護老人ホームの入所の優先順位を決定するための基準の作成作業がすすめられている。例えば、東京都三鷹市では、かなり詳細な基準（「優先入所指針」および「評価基準」http://www.city.mitaka.tokyo.jp/a002/p022/g06/d02200076.html　最終アクセス日2006年11月11日）が作成されている。しかし、全体としてみると、三鷹市のような例はまだ少数であり、老人ホームの入所決定に際して基準が一般的なレベルで意味をもって運用されるようになるには、もう少し時間がかかりそうである。なお、基準化が困難であるということが論じられる場合によく出されることとして専門性の問題がある。つまり、専門家の高度な知識や判断に依拠する必要のある決定というのは、第1次的には当該専門家集団の内部規律の問題と考えるべきであり、外部規律としての基準を設定することには困難な面があるのではないか、というのである。この点については、次のことを指摘しておきたい。まず、専門家にフリーハンドに近い判断権を認める必要があり、外在的な規律がまったく馴染まないような問題というのは、ごくわずかであって、大半の場合は、程度の違いはあるだろうが、基準化が可能であろうということである。ただし、基準化が困難な場合が存在することも否定できない。また基準化されていても、基準によっては対応できず、専門家の判断に依拠しなければならない場合も出てくるであろうということも、想定しておく必要がある（とりわけ基準があまり具体的でない場合には）。これらの場合については、専門家を含めた判定委員会を設けて対処することが有益であると考えられる。決定に際して、合議制の決議機関を経由させるというのは、決定過程を手続き的に公正なものとするうえで大きな意味を持つからである。こうした判定委員会の設置も、裁量の制度的統制のための取り組みの1つと位置づけることができよう。
10）　K. ジャッジ（高沢武司他訳）・前掲書（注2）156頁以下参照。
11）　A. Weale, *Political Theory and Social Policy, op. cit.,*（注4）p. 146.
12）　A. S. Hall, *op. cit.,*（注1）pp. 18-19.
13）　ただし、おそらくこの問題は、手続的公正という観点だけでは論じることのできない性質のものであろう。これについては、別の機会にまたあらためて論じてみることにしたい。

第7章 社会福祉と行政手続法

1 福祉問題と行政手続法

　行政手続法の目的は、「行政運営における公正の確保と透明性（行政上の意思決定について、その内容及び過程が国民にとって明らかであることをいう。）の向上を図り、もって国民の権利利益の保護に資すること」（1条）にある。すなわち、行政庁が、その処分（行為）がどのように行われているのかを処分の相手方に明らかにすることによって、行政の意思決定およびその内容が決定を行う者によって偏ったりしないようにするというのが行政手続法の趣旨なのである。こうした行政手続法の趣旨・目的は、福祉行政にとっても、本来は、大きな意味を持つところのものであり、1993年に同法が成立した際には期待するところが大きかった。しかし結果としては、正直なところ「肩すかしを食わされた」というのが、福祉行政とのかかわりで行政手続法に対して抱いた率直な感想であった。というのは、この行政手続法とのかかわりで「福祉」の問題を扱うことには、2つの意味において制約があると考えられるからである。

　1つは、行政による立法や計画あるいは民主的参加手続といった行政手続のいわゆる現代的課題が、今回の行政手続法ではカバーされていないという点である。一般に行政手続（あるいは行政の手続的統制）には、近代化の課題と現代化の課題という2つの側面での課題が含まれていると考えられる。[1] 近代化の課題というのは、近代市民法的な法治主義や自然的正義の原則の徹底という観点から要請されてくるものであり、そこにおいては聴聞や弁明手続の整備など、個人の権利・自由の最大限の尊重という観点からの手続的統制が主たる課題となってくる。今回の行政手続法では、こうした面での対応についてはかなりの

程度なされているのではないかと思われる。これに対して現代的課題というのは、消極的な行政スタイルから積極的な行政スタイルへと転換してきたという現代行政の特徴を踏まえたものである（消極行政から積極行政へ・福祉国家としての行政活動）。つまり現代行政においては、その機能の性格上、幅広い裁量権限を伴う委任立法が多用されたり、計画という手法を用いた生活環境の総合的整備が広く行われるなどの傾向が見られ、行政立法手続や計画策定手続あるいは住民参加手続など、近代市民法的な対応とは別の新たな手続的統制手法が求められているのである。そして福祉行政というのは、そうした新たな対応が強く求められる典型的な分野の1つなのである。ところが今回の行政手続法では、行政立法手続や計画策定手続などの行政手続の現代的課題が取り上げられておらず、こうした面での対応が強く求められる福祉行政にとっては、制約の多いものとなっていると言わざるを得ないのである。

　第2に、より根本的なこととして、そもそも福祉サービスの給付に関する分野が、行政手続法との関係で実質的に適用除外となっているという問題がある。適用除外の方式として行政手続法は、①行政手続法自体でその分野を明らかにする、②個別の法律の中でその旨を規定する、という2つの方式をとっている。そして基本的に①については、そもそも行政手続法の諸規定を適用させることが好ましくないとか、なじまないという分野があてられ（例えば、刑事事件に関する法令に基づいて検察官、検察事務官又は司法警察職員がする処分及び行政指導：第3条第1項5号）、また②については、その分野において相応の手続きがあると判断される場合が、あてられているとされている。

　福祉サービスの給付に関してはどうかと言うと、当初の要綱案の段階では、①の方式がとられ、適用除外分野の規定の中に、「社会福祉に関する法令に基づき行われる福祉施設への入退所及び当該施設において入所の目的を達成するために行なわれる行為の手続き」（第3—2—(9)）という規定が置かれていた。しかし、最終的な法案の段階でこの部分が削除され、結局、成立した行政手続法からはこの部分は消えている。もともと福祉サービスの給付に関する分野を、このように一括して適用除外することについては、「当該法律関係を特別権力

関係としたり、当該利益を特権又は反射的利益であると評価し、権利性を否定することによって排除していると思われる」との批判もあり、この部分の行政手続法からの削除自体は歓迎されるべきものではある。しかし、これによって事態が好転したと考えるのは全くの早計である。行政手続法からこの部分が削除されたのに伴い、「行政手続法の施行に伴う関係法律の整備等に関する法律」において「児童福祉法」、「身体障害者福祉法」、「生活保護法」、「精神薄弱者福祉法」(現在は知的障害者福祉法に名称変更されている)、「老人福祉法」、「母子及び寡婦福祉法」の一部改正がそれぞれ行われ、行政手続法第3章(第12条及び第14条を除く)の適用除外が規定されているからである(①の方式から②の方式への移行)。例えば、当時の児童福祉法、老人福祉法では次のような規定が置かれた[3]。

児童福祉法第33条の5(行政手続法の適用除外)
「第21条の10[心身障害児の居宅における介護等の措置]、第22条[助産施設への入所の措置]、第23条本文[母子寮への入所の措置]、第24条本文[保育所への入所の措置]、第25条の2第2号[社会福祉主事等による指導]又は第27条第1項第2号[児童福祉司等による指導]若しくは第3号[養護施設等への入所措置]若しくは第2項[指定国立療養所への入所委託]の措置を解除する処分については、行政手続法第3章(第12条及び第14条を除く)の規定は、適用しない。」([　]内は引用者)。

老人福祉法第12条の2(行政手続法の適用除外)
「第10条の4第1項[ホームヘルプサービス等の在宅福祉サービスの給付に関する規定]若しくは第2項[日常生活用具の給付等に関する規定]又は第11条第1項[特別養護老人ホーム等への入所に関する規定]の措置を解除する処分については、行政手続法第3章(第12条及び第14条を除く)の規定は、適用しない」(同上)。

2　留意すべきいくつかの問題点

ところで、このように①の方式から②の方式に移行したこととのかかわりで、いくつかここで指摘しておかねばならない事柄がある。

第1に、どういうことを根拠にして適用除外がなされているかという問題に関してである。要綱案の段階で、福祉サービスの給付に関して、なにを理由に

一括除外としたのか。公にされた資料等からは明確な理由をみいだすことはできなかったが、しかし①の方式が、そもそも行政手続法の諸規定を適用させることが好ましくないとか、なじまないという分野を想定していることを踏まえるならば、先に指摘したような「当該法律関係を特別権力関係としたり、当該利益を特権又は反射的利益であると評価し、権利性を否定することによって排除していると思われる」といった批判から免れることは、おそらくできないのではないかと思われる。これに対して②の方式の場合、少なくともそうした批判をとりあえずは避けることができるし、さらに、より合理的な説明も可能となる（②の方式では、その分野において相応の手続きがあると判断される場合などが考えられていることを想起されたい）。実際、行政手続法の施行に伴う関係法律の整備等に関する法律案による改正対象事項一覧に付された凡例文書には、福祉関連の個別法律に行政手続法の適用を除外するための規定を設けた理由として、「福祉の措置が、行政機関と被措置者との間で継続的に密接に意見を交換しながら行われるべきものであり、専門家による意見の把握のための手続きを整備することが必要であると判断されたためである」との説明が見られる。しかしここで注意したいのは、そうした説明を額面どおりのものとして受け取れるような実態となっているのかどうか、という点である。確かに、福祉関連の各個別法では、適用除外とされた行政手続法の規定の代わりとして、「相応の手続き」が新たに規定されている。しかしかかる手続きが、実態として文字どおり「相応の手続き」となっているかどうかは、きわめて疑わしいと言わざるを得ない。例えば、児童福祉法と老人福祉法の当該規定をみてみると次のようになっている。[4]

児童福祉法33条の4（措置の解除に係る説明等）
「都道府県知事、市町村長、福祉事務所長又は児童相談所長は、次の各号に掲げる措置を解除する場合には、あらかじめ、当該各号に掲げる者に対し、当該措置の解除の理由について説明するとともに、その意見を聴かなければならない。ただし、当該各号に掲げる者から当該措置の解除の申出があった場合その他厚生省令で定める場合においては、この限りでない。
1　第20条の10、第23条本文、第24条本文、第25条の2第2号、第26条第1項第2号

140　Ⅲ　裁量の手続的統制

及び第27条第1項第2号の措置　当該措置に係る児童の保護者
　2　第22条の措置　当該措置に係る妊産婦
　3　第27条第1項第3号及び第2項の措置　当該措置に係る児童の親権を行なう者又はその後見人」

老人福祉法12条（措置の解除に係る説明等）
「市町村長は、第10条の4第1項若しくは第2項又は前条第1項の措置を解除しようとするときは、あらかじめ、当該措置に係る者に対し、当該措置の解除の理由について説明するとともに、その意見を聴かなければならない。ただし、当該措置に係る者から当該措置の解除の申出があった場合その他厚生省令で定める場合においては、この限りではない。」

　「福祉の措置が、行政機関と被措置者との間で継続的に密接に意見を交換しながら行われるべきものであり、専門家による意見の把握のための手続きを整備することが必要である」との判断から、一般法たる行政手続法の規定をはずして特別の手続規定を用意するという考え方それ自体には、異論はない。しかし実際に用意された手続きは、要するに説明をし、そして意見を聴いてから決定せよといった、そっけないものでしかないのである。これをもって「相応の手続き」だとするならば、表向きの理由付けと実際の規定とがあまりにもかけ離れたものとなっていると、言わざるを得ないであろう。
　指摘しておく必要のある第2の点は、「申請に対する処分」の取り扱いに関してである。先に紹介した要綱案の適用除外規定と、実際に成立した規定とを、比べてみると分かることだが、実は①の方式から②の方式への移行に際して、手続法の適用除外の対象となるものの範囲が、法文上、当初の案と比較すると狭められている。つまり要綱案の場合には、福祉施設への入退所にかかわる処分が全体として適用除外とされている（すなわち「申請に対する処分」としての入所措置と「不利益処分」としての措置解除の双方が適用除外の対象とされている）のに対し、実際に成立したものにおいては、例えば児童福祉法33条の5でみられるように、「措置を解除する処分」（＝不利益処分）に限定されてきているのである（したがって適用除外の規定の仕方も、「行政手続法第3章［不利益処分］の規定は、適用しない」というようになっている）。この結果入所措置に関しては、「申請に

対する処分」として行政手続法の適用を受けると解することも、形式上は可能となった。しかしこれは現実にはかなり難しいことのように思われる。というのは、次のような理由による。まず、申請に対する処分と構成するためには、それが行政手続法上の「申請」にあたらなければならない。手続法は、申請を「法令に基づき、行政庁の許可、認可、免許その他の自己に対し何らかの利益を付与する処分を求める行為であって、当該行為に対して行政庁が諾否の応答をすべきこととされているものをいう」（第2条3号）と定めている。ところが行政解釈は、いわゆる職権主義（=「措置は、当該措置を受けようとする希望者からの申請に基づくものではなく、措置の実施者が職権をもって自主的に行なうもの」厚生省社会局老人福祉課監修『改訂老人福祉法の解説』88頁、とする立場）をたてに、入所措置に関する「申請」を一貫して否定してきた。この場合当然、入所措置との関係では行政手続法上の申請にあたるようなものは存在しないということになる。手続法の運用に直接あたる行政庁が、こうした立場をとっている以上、入所措置に関しても——たとえ明文でもって除外されていないとしても——明文上適用除外となっている措置解除処分と同様、行政手続法の適用を期待することはできないのである（法施行後の実際の運用もこのように進んでいる）。もちろんこうした行政解釈に対しては、職権主義の採用が論理必然的に申請の排除につながるものではないとして、従来から多くの批判がなされてきた。また行政解釈が、手続法の解釈として確定しているわけでもない。したがって、入所措置をはじめとする福祉サービスに対する請求を、行政手続法上の「申請」と解釈することも、1つの法解釈として当然可能であるし、私自身はこのように解釈することがむしろ妥当と考えている。とはいえ、こうした方向での手続法の運用を実現していくためには、職権主義をたてとした行政庁の解釈を何らかのかたちで——おそらくは裁判による司法判断を通じてということになると思うが——変えさせていく必要がある。それまでは、残念ながら現在のような状況が続くことになろう。

3 今後の課題——福祉行政と手続的保障——

　以上にみてきたことを踏まえると、福祉行政の分野から行政手続法の問題を今後考えていくにあたっては、少なくとも2つのことが課題として浮かび上がってくる。1つは、福祉行政における手続的保障のあり方を、福祉の分野の特性を踏まえながら検討していくことである。前述したように、今回の行政手続法の制定に際しては、「福祉の措置が、行政機関と被措置者との間で継続的に密接に意見を交換しながら行われるべきものであり、専門家による意見の把握のための手続きを整備することが必要である」との判断から、一般法たる行政手続法の規定をはずして特別の手続規定を用意するという方式がとられた。ところが、そうした建前であるにもかかわらず、現実はきわめて不十分なものにおわってしまっている。実はこうした事態に陥ってしまっていることの背景には、福祉の特性を踏まえた手続的保障のあり方についての検討が、十分なされきれていないということがあるように思われるのである。そしてこのことは、さらに言うならば、今回は先送りにされた行政立法手続や住民参加手続などの行政手続の現代的課題を今後検討していく上でも、重要な意味をもってくると思われるのである。検討課題の2つめは、福祉場面での手続法の運用に関する法解釈上の問題をつめていくという問題である。上記の「申請に対する処分」と「職権主義」をめぐる解釈問題などは、そうしたことの1つの例と言えよう。ただし、これらの課題についてのさらに立ち入った検討をこの場で行なう余裕はないので、ここでは、これからとくに重要になると思われる前者の課題に関して——それも今後の検討にあたっての参考資料の提供程度にとどまるが——、簡単に触れておくことにとどめたい。とはいえ残念ながらわが国の場合、こうした観点からの独自の研究蓄積がそれほどあるわけではない。そこで、この種の問題についてそれなりの研究蓄積のあるイギリスでの議論を参考にしながら、要点のみを以下箇条書き風にまとめておくことにしたい。[6]

　手続的保障とのかかわりから見た、福祉分野の特徴として、イギリスでは次

のようなことが指摘されている。

①　資源は、要求（ニーズ）との関連できわめて限定されている。その結果、多数の申請が拒否されることになったり、部分的にしか応じられないことになる可能性がある。この場合、資源の割り当ての正当さやそれに対する国民・市民の同意ないし納得がきわめて重要となってくる。手続的保障はこのことを担保するための重要な手立てとなる。[7]

②　決定のあらゆるレベルで、かなりの行政裁量が存在する。かかる裁量は、明確な基準もなしに、決定者（行政）にしばしば委ねられている。

③　政策と専門的判断との問題がこの分野では、しばしば混同され一緒にされてしまっている。両者の区別は容易ではない面もあるが、この点についてはできるかぎり明確にする必要がある。

④　希少な資源を、手続きに回すことには、それだけ給付される分が減るということから、抵抗感がある。しかしより良い手続きは、再配分システムをより効果的なものにし、再配分のレベルを実際には改善することにつながる。

⑤　福祉の分野では、疾病、貧困、障害、幼さ等と結びついたハンディキャップを有していることが多い。ハンディキャップを有するサービス利用者には、サービスについての情報や、サービスそのものにアクセスできるようにするための手続きが確保されねばならない。

⑥　福祉サービス利用者が、制度とのかかわりで感じている、不満やフラストレーションを軽視してはならない。この種の問題を減じるためにも、公正な手続きは必要である。

⑦　福祉の分野には、非任意的なクライエント（対象者）もいる（例えば児童虐待や少年犯罪者の問題）。この場合には、措置の強制的性格や不利益処分としての性格にも目を向けなければならない。

そして、こうした特徴を踏まえたうえで、福祉行政における手続的保障を考えるならば、さしあたり次のようなことが少なくとも必要になるとされている。

(i) ケースがどのように取り扱われることになるかについての基準（ガイドライン）の策定と公表
(ii) 決定者に対して自己の主張（言い分）を申し立てられる機会の提供（＝hearing の保障；なお、どの程度のものを、どのような形態で保障すべきかは事案によって——例えば、当該処分が、任意的なものか非任意的なものか等——異なる）
(iii) 専門家のレポートや意見も含めて、事案に関連する事実やその他の資料について、申請者と提供者の双方が利用できるようになっていること
(iv) 提供者の側の不偏性
(v) 各決定に対する理由の提示（事実、基準、及びその事実が当該基準にどのように適用されたかといったことを含めて）
(vi) 代弁（advocacy）機能の活用
(vii) 苦情処理手続（complaints procedure）の整備
(viii) 行政の決定に対する独立した外部機関への上訴（appeal）の保障

　最後に、以上箇条書きにまとめたことを踏まえて、日本の行政手続法とのかかわりで多少感想めいたことを述べておくならば、日本においてもここで取り上げられているようなものが——実際に福祉の問題に適用されるかどうかは別にして——、仕組みそのものとしてはそれなりに制度化されているということに気づく。例えば、(i)のガイドラインの策定と公表は、既に見てきたように行政手続法の中で、申請に対する処分における「審査基準の設定と公表」（第5条）として制度化されているし、また(ii)の hearing の保障についても、不利益処分に対する「聴聞及び弁明の機会の付与」（第15条～第31条）として制度化されているのである。ただし問題なのは、そうした制度が、はっきりとした理由もなしに、いろいろな理屈をつけて福祉分野への適用という点で大きな制約を受けていることである。つまり既述したように、福祉サービスに対する申請は、行政手続法上の申請に該当しないとされており、さらに措置の解除のような不利益処分については、個別の福祉立法で適用除外の規定が置かれているのであ

る。これに対してイギリスでは、福祉の分野に上記したような特徴があることを踏まえて、逆に手続的保障の重要性が論じられている。少なくとも、福祉の分野だから、自由や財産権が問題になる場合と比べて、手続的保障をさほど考えなくともよい、といった発想はみられなくなってきている。日本では明言こそされてないものの、手続的保障の問題を考える際に、こうした発想が背景として存在しているように思えてならないのである。

1) 近代化の課題と現代化の課題という視点については、福家俊朗「行政改革と行政手続法」『法律時報』65巻6号（1993年）参照。
2) 行政手続法要綱案対案研究会「行政手続法要綱案に対する対案」『行財政研究』13号（1992年）12頁。
3) ちなみに、現在の条文の規定は本文で引用したものと少し異なる部分もあるが、それらの違いは、いずれも本文で論じてある事柄に影響を及ぼすようなものではない。
4) 本文で引用したこれらの条文も、現在の条文と若干異なる部分もあるが、いずれの違いも本文で論じたことに影響を与えるようなものではない。
5) 例えば1997年の児童福祉法改正前の保育所入所措置について、行政解釈では児童福祉法24条を職権主義として説明していたのだが、他方、施行規則22条では保護者が措置権者に申請をなしうることを認めていた。この点について詳しくは、本書第4章を参照。
6) 以下の本文での記述は、D. Galligan, 'Procedural Rights in Social Welfare' in Anna Coote, ed., *The Welfare of Citizens* (Rivers Oram Press, 1992); N. Doyle and Tessa Harding, "Community Care: Applying Procedural Fairness" in Anna Coote, ed., op. cit. によっている。
7) このように、福祉の分野においては、資源の有限性とのからみで、申請に対する拒否という問題が伴わざるを得ない面がある。したがって申請に対する拒否処分における手続的保障の問題は、福祉の分野にあっては、本文にあるようにきわめて重要になってくるといえる。

第**8**章 社会福祉と参加

1 手続的保障と参加

　老人保健福祉計画やケアマネジメントに関する議論に見られるように、ここ十数年の間、行政の計画策定過程や給付決定過程などの行政過程の問題に対する関心が高まってきている。そしてそれとともに、社会福祉の分野においても、手続的保障の課題として参加の問題を検討することの重要性が増してきたと言えよう。たとえば、老人保健福祉計画の実施に合わせて出された厚生省（当時）通知（「老人保健福祉計画について」1992年6月30日・老計第86号）は、計画策定において住民や保健・福祉の関係者の声を反映させることの必要性を次のように指摘していた。すなわち「高齢者の保健福祉の問題は、住民自身の問題であり、老人保健福祉計画の作成に関しては、高齢者のニーズをその基礎とすることはもとより、住民や関係者の意見を踏まえて作成することが必要である。老人保健福祉計画の作成に当たっては、このような観点から、学識経験者、保健医療福祉関係者が参加する体制を組むとともに、計画作成の過程においては、その他の専門家、関係者等の意見を聞く体制をとるよう配慮する必要がある。また、アンケート調査、ヒアリング、懇談会等により、高齢者の意見やニーズを十分に把握する必要がある」と。また、介護保障システムの重要な柱になるものと目されているケアマネジメントについても、その基本的な発想は、利用者本位のサービスの提供ということにあるわけであり、利用者をケアマネジメントの過程にどう関与・参加させていくことができるかが、当然のことながら重要なポイントの1つとなってきているのである。このように、行政の計画策定過程や給付決定過程への住民等の参加の必要性なり重要性については、この

間、行政サイドも含めて一般論としてのレベルでは——あるいは少なくとも建前としては——かなり認識されるようになってきたと言うことができよう。実際、2000年の法改正によって制度化された「地域福祉計画」(社会福祉法107条以下) では、「市町村は、……(市町村地域福祉計画) を策定し、又は変更しようとするときは、あらかじめ、住民、社会福祉を目的とする事業を経営する者その他社会福祉に関する活動を行う者の意見を反映させるために必要な措置を講ずるとともに、その内容を公表するものとする」と規定して、老人保健福祉計画では通知の上での要請であった住民参加に対して、直接の法律上の根拠を与えるに至っているのである。

しかしながら、こうした動きが見られる反面、「参加」が現実の社会福祉行政に対してどれだけの意味を持ち得ているかという点になると、実際にはその必要性や重要性に比して、残念ながらお立ち遅れた状況にあるというのが実情であろう。このことはたとえば、各自治体における老人保健福祉計画の実際の作成において、まだまだ多くの自治体が、実質的な意味での住民参加のプロセスを経ることなしに、その作業を済ませてしまっているということ、あるいは、計画策定に際して住民などの参加が法律上求められている地域福祉計画の策定が全国レベルでみるとなかなか進捗していないという状況からもみて取ることができよう。

ところで、このように参加に向けての実際の取り組みが立ち遅れてしまっている背景として、1つには、参加をめぐる議論が一般論的なものにとどまり、福祉行政の計画策定過程や給付決定の過程における参加の必要性なり重要性についての理論的な詰めや、参加を制度として具体化していくための制度論的な検討が、必ずしも十分になされきれていなかったという問題があるように思われる。つまりわが国の場合、参加の必要性や有用性の問題についてとくに吟味することもなく、単純に「参加は良いこと」として済まされてしまっているようなところがあり、そのことが、参加の制度化に関して一般論としては多くの支持を得ながら具体化がなかなか進展しないことの1つの要因になっているように思われるのである。以下本章では、こうした状況を踏まえて、参加の必要

性や有用性が、社会福祉において理論的にどのように根拠づけられ、また議論がなされているのかについて検討を加えてみることにしたい。

2 権力問題と参加

　参加について、社会福祉サービスにおける権利と裁量の問題と絡めて論じようとするとき、とりわけ重要となってくるのが、権力関係とのかかわりで参加を論じるという視点である。

　裁量を伴う権限行使や判断というのは、一般に何らかの権力関係がある中で行使されるものであると考えられる。その結果、サービスの利用者とその権力を行使する者との間では、ある種の支配従属関係が生じる場合が多い。そしてかかる支配従属関係が生じたとき、従属的立場におかれた利用者には、その権利や主体性を回復するために「参加」のメカニズムを導入する必要性が生まれることになるのである。

　このような権力関係（支配従属的な関係）を生じさせる要因としては、一般に、「政治行政権力」と「専門家権力」の存在が指摘されている[1]。このうち、政治行政権力に由来する従属的関係の問題は、官僚制組織を通じて実施される行政活動（サービス）全般に共通してあてはまる問題であり、行政の計画段階や執行段階への市民参加の問題などをめぐって、都市計画や環境行政など様々な行政の領域で論じられてきた。福祉サービスも、公的責任を果たすための行政活動の一環として行われる以上、当然にこの種の事柄が当てはまる。例えば、老人保健福祉計画や介護事業計画における住民参加の問題などはこうした観点から論じられる事柄の1つであるといえる。

　参加と権力関係をめぐる問題として、福祉サービスにとってより固有の意味合いをもってくるのは、もう1つの専門家権力の問題であろう。社会福祉サービスにおいて専門家権力が問題となるのは、次のような理由によると考えられている[2]。すなわち、サービスを提供する専門家とサービス利用者との関係においては、両者の間の知識や技術の差、あるいは法制度による専門家への特別な

権能の付与などにより、専門家が圧倒的に優位な立場が与えられていることが多い。こうした関係においては、素人であるサービスの利用者は、専門家であるサービス提供者の前でまったく無力となり、専門家の判断や決定に従わざるを得なくなる。とりわけ医療のように高度に専門化している社会サービスの領域では、利用者に対する専門家権力が絶大なものとして確立されている。福祉サービスにおいても、児童虐待問題など次第にその活動に関して高度の専門性が求められる領域が増えるに従い、こうした専門化権力の問題が、医療の場合ほどではないにしろ、現実的な問題として立ち現れてきたのである。

なお、政治行政権力と専門家権力の問題に関しては、他方で「(政治行政権力を担う官僚の)官僚主義」対「(専門家の)専門主義」という対抗軸が存在することにも目を向けておく必要があろう[3]。つまり官僚と専門家の間には、それぞれの内面化する職業倫理が異なるために生ずるある種の緊張関係が存在する。官僚は組織目標を達成するため効率や効果、組織のルールを優先することが期待され、結果よりは手続きを重視する傾向にある。これに対して専門家は、利用者の利益を最優先することが期待され、手続きよりは結果を重視する傾向がある。こうした中で利用者の利益が政治行政権力によって脅かされるとき、専門家(専門主義)にはその防波堤としての機能を果たすことを期待しうる余地も出てくるのである。たとえばソーシャルワーカーは、官僚制組織の形式主義に対抗しながらサービス利用者の権利を守っているかもしれないのである。「積極的な意味での裁量の行使」(第1章参照)というのは、例えばこうしたことを意味しているといってもよいであろう。逆に、専門主義による権力に利用者が曝されるとき、官僚主義の1つの側面である形式主義が、基準化という文脈を通して(第1章参照)、利用者の権利を守るために(権能を守るために)機能するということも考えられる。

3 参加のための2つのアプローチ

以上のように「参加」のメカニズムには、政治行政権力や専門家権力に対抗

して、従属的立場におかれた利用者の権利や主体性を回復するために導入されてきたという側面がみられるのであるが、そうした参加のメカニズムを社会福祉サービスの領域において具体化していくについては、大きく分けて2つのアプローチ方法がある。

1つは「消費者型モデル」と呼ばれているアプローチである。これは、社会福祉サービスの領域に消費者主義的志向（顧客第一主義、消費者主権）を導入することで、利用者により大きな選択権を付与していこうとするものである。もう1つは「市民型モデル」などと呼ばれている方法である。これは、実施機関の決定に利用者が関与できるようにして、福祉サービスのあり方や内容に対する利用者の市民としてのコントロール権能を発展強化させていくものである。

参加をめぐるこれら2つのアプローチについては、S. クロフト（Croft）とP. ベレスフォード（Beresford）が、例えば次のような説明を行っている[4]。すなわち「利用者に即した、あるいは利用者中心の（user-centred）サービスへの動きの強まりは、参加への関心を高めたが、このことは、『参加』の概念や定義になんらかのコンセンサスがあったということを意味するわけではない。これは、参加への関心を起こした要因の由来が様々であるということを考えれば、当然のことでもある。しかし、そうした中でも、2つの主要なアプローチの存在を見いだすことができる。すなわち、消費者主義的（consumerist）アプローチと民主主義的（democratic）アプローチの2つである。この2つには、ある程度オーバーラップする部分もあるが、それらは、異なる考え方と目的を反映したアプローチなのである。……保健サービスや福祉サービスに関する消費者主義的な考え方は、商業的なサービス提供の拡大や福祉国家の経済的再編を求める政治的圧力の強まりと軌を一にして登場してきた。サービスの利用者あるいはクライアントは、いまや消費者として位置づけられるようになっているのである。現在、参加にかかわる議論は、消費者主義という語や市場への関心で覆われているようにさえ見える。消費者主義は、我々が必要とする財やサービスを、行政を通じて公的・集団的に提供する代わりに、そうした財やサービスを購入すると考えることからスタートする。……利用者参加をめぐる議論にお

ける消費者主義的アプローチが、サービス提供者の側からのものであり、そのマネージメントをより経済的で、効率的で、効果的なものへと改善するために、サービスについて関心を示したのに対し、民主主義的アプローチは、サービス利用者やその組織によって多くの場合展開されてきた。これらの組織が伝統的な圧力団体と異なる点は、他のグループが自分たちのために主張してくれるというのではなく、自分たち自身で主張していくということにある。ここでの主要な関心事は、エンパワーメント、つまり権限を再配分し（the redistribution of power）、人々が自己の生活についてより大きな発言権とコントロールを持てるようにすることである。民主主義的アプローチは、サービス中心ではない。それは、サービスにおいて発言すること——もちろんこれ自体は非常に重要なことであるが——以上のものを含んでいる。民主主義的アプローチは、我々がどのように扱われ、どのように見なされるのかをより一般的に問題にしようとするのである」。

　クロフトらは、福祉サービスにおける利用者参加ということに関して、2つの主要なアプローチが存在するとしている。1つは、彼らが「消費者主義的アプローチ」と呼ぶもので、そこでは顧客第一主義などに由来するマネージメントの視点から、参加の必要性や有用性が論じられることになる。そしてもう1つは、「民主主義的アプローチ」と呼ばれる、市民たる利用者へのエンパワーメントや権限の再配分という視点から参加を論じようというアプローチである。このように参加の問題を考えるにあたって、消費者主義とエンパワーメントという2つの視点を設定するということに関しては、他の論者の議論においても同様のものをみいだすことができるものであり、ここでもこの枠組みにしたがって議論を進めることにしたい。[5]

1　消費者主義的アプローチ

　クロフトらが、「消費者主義的な考え方は、商業的なサービス提供の拡大や福祉国家の経済的再編を求める政治的圧力の強まりと軌を一にして登場してきた」と述べているように、マネジメントの視点において、参加の問題が注目さ

れるようになった背景には、1980年代のサッチャー政権下における福祉国家批判とプライバタイゼーションの動きが大きく影響している。そして、こうした動きの中でも、とりわけ利用者参加とのかかわりで重要となるのが、福祉や医療などの公的サービスの貧弱な質の問題やパターナリズムや応答性の欠如といった問題を改善するものとして打ち出された、「私企業のディシプリン (disciplines of private enterprise)」あるいは「商業的ディシプリン (commercial disciplines)」の導入ということである。私企業のディシプリンの導入における最大の眼目は、公的セクターにおいても私企業と同じように、顧客であるサービス利用者（消費者）の満足をマネジメントの第1の目的にするというものである。これは具体的には、消費者のニーズや選好に対してより応答的で敏感になることが必要であるということを意味するが、そのためには、地方自治体が、顧客であるサービス利用者から、サービスについての考えや意見を聞くなどして、利用者に近づき密接な関係をつくっていくことが重要となってくる。そしてここで大きな意味をもってくるのが、利用者参加の制度なのである。つまり、利用者を参加させたり関与させたりすることを通じて、様々な情報（真に必要とされているサービスは何かとか、行政ではつかみにくい地域の実情など）や反応をそこから得ることができるという、「参加」の有するフィードバック機能を、「顧客ニーズにより良く応答できるようにするための顧客に関する情報システム」として利用していくことができるからである。

　ところで、このように私企業のディシプリンを公的サービスに応用することは、たとえば、アセスメントを実施する側の専門家がベストと考えたものに代わって、顧客としての利用者が求めるものに焦点が当てられることになるとか、決定の柔軟性と透明性を高めて官僚的構造を打ち破り、より応答的で敏感なサービスにするなどのメリットを、サービス利用者にもたらすことになるであろう。こうしたメリットは積極的に評価されるべきであると考える。しかし同時に、かかるディシプリンを公的サービスに応用することの限界ということにも、目を向けておく必要があろう。大きな問題としては、顧客としての利用者の満足と行政の目標とが必ずしも一致するわけではないということがある。た

とえば、人的にも物的にも資源の制約がある以上、提供するサービスを供給可能な範囲にとどめるために、利用者の要求を抑制しなければならない場合も当然生じることになる。つまり、利用者の満足を第1に考えるといっても、それはあくまでも行政の設定した枠内においてのことであり、その枠内でいかに経済的、効率的、効果的に利用者を満足させることができるかということが、このアプローチの基軸となっているのである。この場合、参加する利用者に期待されているのは、せんじ詰めれば、フィードバックシステムにおける情報の提供という、受動的な役割でしかないというようにも言えるのである。顧客としての利用者重視を掲げるこのアプローチに対して、クロフトらが上記の引用文の中で「サービス提供者の側からの」アプローチと位置づけているのも、実はこの点に由来していることなのである。

2 民主主義的アプローチ

この視点に基づくアプローチは、利用者の参加を、単により応答的で効果的、効率的なサービスを実現するためのフィードバックシステムとして位置づけるのではなく、参加を権限配分に影響を及ぼす手立てとしてとらえていく、というものである。サービス利用者である住民の利益とサービスの決定者や提供者の利益とは必ずしも一致しない。参加は、こうした状況がある中で、利用者の有利にパワーバランスを変更して、行政の恣意的な決定や官僚主義、あるいは専門家の支配から利用者を防御したり、その利益や権利を積極的に主張するなどといったことのための重要な手だてになるとするのである。[8]

このアプローチには、2つの主張ないしポイントが含まれていると言えよう。1つは、サービスの利用者は、情報提供者という受け身の役割で参加するだけではなく、もっと積極的・能動的な役割を果たすべきであるということである。決定の影響を直接的にかつ長期に受けるのは決定者ではなく利用者である以上、利用者は、決定の内容や方向についての発言権をもって然るべきであるというのである（利用者によるコントロール user-control の主張）。しかし、利用者が発言権をもつといっても、決定者と利用者の関係は決して対等ではない。そこで次

に、サービスを利用しようとする人々に権限（power）を付与して、両者の関係をできるだけ水平なものにしていくということが重要となってくるのである（エンパワーメントの主張）。

権限付与、すなわちエンパワーメントの手法として重視されているのが、自分で自己の利益やさまざまな社会的権利を守ったり主張できない人々の立場に立って、その利益や権利を擁護・代弁する活動としての「アドボカシー」である。また最近では、利用者自身が、自分の意向や主張を、サービス決定機関や提供機関などの関係者に向けて明確に表現していく能力を身につけ、養っていくことにポイントを置いた「セルフ・アドボカシー（self-advocacy）」などの活動も注目されている[9]。さらに、エンパワーメントの視点からのアプローチにおいては、必要な情報にアクセスできるなどの情報に対する権利とか、民間のアドボカシー団体への財政的援助など、人々が、その権限をできるだけ行使しやすくするための条件整備に関する問題にも関心が寄せられている。

3 2つの視点・アプローチの位置づけ

マネジメントの視点に基づく消費者主義的アプローチに対しては、利用者の実質的な地位を変化させるものではなく、たんに外形に手を加えるだけの「チャーム・スクール・アプローチ」であるとの批判も出されているが、基本的には、エンパワーメントの視点を重視する立場に立つ者も含めて、マネジメントの視点についてもその有用性は正当に評価されるべきであるとする見方が強いようである[10]。つまり、両者を対立的な関係としてではなく共存しうるものとして位置づけようというのである。その理由としては、まず第1に、マネジメントの視点に基づくアプローチによってサービスが使いやすいものになるのであれば、それ自体は望ましいことであり正当に評価されるべきであるということがある。また、応答性を良くするということと利用者のエンパワーメントを促進するということとの間に、明確な境界線をそもそも引くことができるのかという問題もある。たとえば、ニーズ・アセスメントやケアサービスの情報提供のために点字や録音テープなどを用意したり、少数民族出身の人々のためにそ

の言語を使用できる職員を確保するなどのことは、コミュニケーションに困難を抱える人々へのエンパワーメントとしてなされるのと同様に、より応答的で敏感なサービスとするためには、より充実した情報提供と情報収集の仕組みが必要であるという理由に基づいて、それらのことが用意され確保されるということも考えられるからである。またエンパワーメントというのは、利用者にパワーを付与するということであるから、その実現のためには、サービスの決定機関や供給機関が利用者とパワーを共有するという考え方を受け入れることが求められることになる。しかしそれには、サービス機関やその職員がこれまでの行動様式や発想を大きく転換することが必要不可欠の事柄となってくるのだが、その際、利用者のニーズに対してより応答的で敏感となることを求めるマネジメントの視点は、そうした行動様式の転換のための大きなステップになるとも考えられるのである。いずれにせよ、クロフトらが指摘しているように、「消費者主義は、我々が考えている以上にエンパワーメントに近づいていける可能性がある」[11]と言えるのかも知れない。

4 「契約型」アプローチ

　消費者主義的アプローチも民主主義的アプローチも、政治行政権力や専門家権力によって従属関係におかれている利用者の権利や主体性の回復を志向するものであるという点では一致している。そしてその際重要な意味を持ってくるのが、利用者の「声」や「意向」という問題である。ただしここで注意しておきたいのは、こうした声や意向に耳を傾けるということが、単に人びとがものを言わせてもらえるということを意味するだけであるならば十分ではないということである。なぜなら、S. アーンスタイン（Arnstein）が「参加の階梯」（図表8-1参照）で示したように、人びとの声に耳を傾けるという過程が、見せかけにすぎない場合が往々にしてあるからである。[12] 意思決定において発言が意味をもつためには、意見が表明されるということだけではなく、権力を有する立場にある者によってその意見がパートナーの意見として少なくとも「重視される

III 裁量の手続的統制

図表8-1 参加の階梯

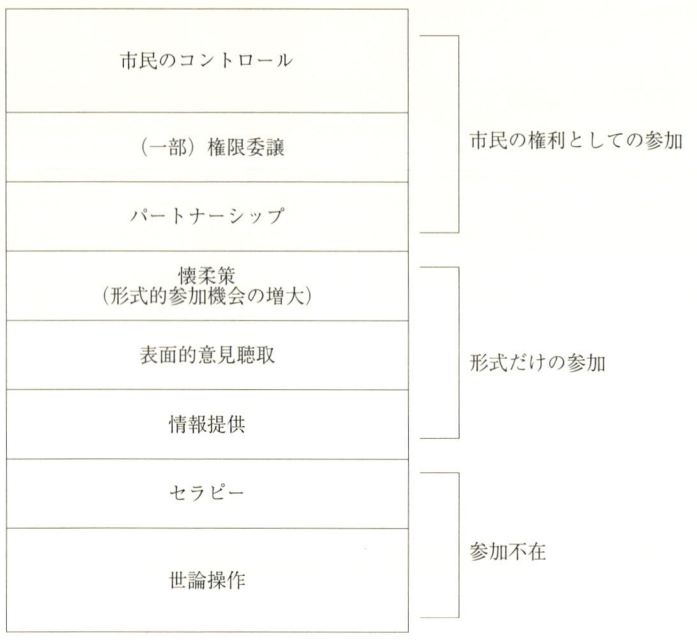

階梯	区分
市民のコントロール	市民の権利としての参加
（一部）権限委譲	
パートナーシップ	
懐柔策（形式的参加機会の増大）	形式だけの参加
表面的意見聴取	
情報提供	
セラピー	参加不在
世論操作	

（出所） Sherry Arnstein, "A Ladder of Citizen Participation," *Journal of the American Planning Association*, Vol. 35, No. 4.

（尊重される）」ということを最低限意味するものでなければならない。したがって「形式だけの参加」から「市民の権利としての参加」に向かうには、権力を有する者との関係が従属関係から少なくともパートナーとしての関係へと転換していくことがまずは必要となるのである。

　この点でいえば、利用者の参加を、より応答的で効果的・効率的なサービスを実現するためのフィードバックシステムとして位置づける消費者主義的アプローチよりも、参加を権力配分に影響を及ぼす手立てとしてとらえパワーバランスの変更をはかるという視点を持つ民主主義的アプローチの方がより大きな意味をもつと言えるかも知れない。ただし利用者の声や意向の尊重という意味での「参加」という概念をもう少し広くとらえるならば、消費者主義の枠組み

の中でパワーバランスの変更を志向するアプローチというものをみい出すことも可能である。それは、福祉サービスの利用方式を、利用者の自己決定や選択をベースにした「契約」で行うという「契約型」のアプローチである[13]。

　一般に、財やサービスの取得に関する当事者関係を、対等な関係として法的に規律する手法として、「契約」はきわめて大きな意味を有しているとされる。このことは福祉サービスの利用に関しても、基本的には妥当することであろう。実際、わが国におけるいわゆる「福祉サービスの契約化」の議論では、利用者と事業者が、それぞれ契約主体となることで両者の関係が直接的で、対等なものとなり、これまで不明確であった利用者の当事者性が明確になり、ひいてはその法律関係・権利関係も明確なものとなるといった説明がなされてきた。つまり、契約的手法を導入することにより、これまでの措置制度のような、権利関係が不明確で従属的な利用の形態から、「自らすすんで利用する権利を主張し、的確な情報を得て、サービスを優先づけて選択し、サービス（商品）を買う契約を交わし、それを利用することによって自分の望む日常生活を達成することができるような利用の形態」へと転換することになるというのである。福祉サービスの利用者を、こうした契約の主体者という意味での消費者として位置づけることができるならば、「消費者主権」という概念があることからも窺えるように、サービス提供者との関係で、利用者の主体性や権利関係が明確になり、政治行政権力や専門家権力に対抗するうえでの強固な基盤を用意することが可能となる。つまり、消費者として選択できる領域を確保することは、政治行政権力などの適用領域をそれだけ限定すること（あるいは排除すること）につながり、結果としてそれら権力との関係で従属関係におかれていた利用者の権利や主体性の回復ということが、可能になるからである。

　もっとも、専門家権力や政治行政権力を排除するというのは、そうたやすいことでないことも事実である。医療上の判断のように、高度に専門的な知識や技能が求められる事柄については、そもそも消費者が判断することはできない。福祉サービスにおける専門性は、医療の場合ほど確固としたものとして確立されているわけでは必ずしもないが、それでも例えば高齢者のネグレクトが絡ん

だケースのように、単に利用者の意向に従うということではなく、専門家がその知識や技能に基づいて積極的な意味で裁量権を行使して、「何が必要か」を判断していくことが必要になる場合も存在するのである。こうした問題があるときに、消費者と見立てられた利用者に選択を委ねるということが、適切ではないことはいうまでもない。

　また、社会資源の有限性が問題になる局面においては、消費者の選択といっても実質的に意味がないという問題もある。たとえば、日本では介護保険が導入されて以降も、なお特別養護老人ホームなどの施設が不足し、多くの待機者が存在している。そうした中で消費者の選択といっても無意味であろう。むしろ必要なことは、サービスを求める者の中での優先順位の決定なのであるが、こうしたことは結局のところ、専門家権力による必要性の判断や政治行政権力による社会的妥当性の判断を介在させながら、決めていくしかない問題なのである。このように、専門家権力や政治行政権力を排除し得ない部分が残る局面については、契約型のアプローチで対応することは困難ということになる。こうした問題に対しては、権力のコントロールを直接志向する民主主義的なアプローチによらざるを得ないことになろう。

　以上見てきたように、「権限行使のチェックと利用者の意見の尊重」といっても、その意味する内容や程度はさまざまであり、それに対するアプローチの仕方も複数存在する。重要なのは、そうした複数のアプローチが、それぞれに有用な役割を有していること、しかしそれぞれに異なった目標、戦術、手法を有しているということを認識しておくことである。考察の対象としている参加の問題が、いかなる文脈のもとでの問題なのか、またそこで論じられている参加にかかわる制度が、どのようなアプローチの視点に立つものであるのか。そうしたことを個別にみていくことからはじめることが、迂遠なようではあるが参加の問題を考える場合には必要なことなのである。

1）　武川正吾「社会政策における参加」（社会保障研究所編『社会参加における市民参加』、東京大学出版会、1996年）14頁以下。

2） 同上19頁。
3） 同上20頁。
4） S. Croft, and P. Beresford, "Politics of Participation" 2 *Critical Social Policy*, 12（1992）pp. 31-32.
5） 例えば、G. Wistow, and M. Barnes, "User Involvement in Community Care: Origins, Purposes and Applications," 3 *Public Administration*, 71（1993）; Catherine Needham, *Citizen-consumers: New Labour's marketplace democracy*（The Catalyst Forum, 2003）などにおいてもほぼ同様の視点が設定されている。
6） Wistow and Barnes, *op. cit.*,（注 5）p. 281 参照。なお、公的サービスにおける私企業のディシプリンの導入ということに関しては、その他に、T. Butcher, *Delivering Welfare: The Governance of the Social Services in the 1990s*（Open Univ. Press, 1995）pp. 139-141 なども参考となる。
7） R. Griffiths, "Does the Public Service Serve?: the Consumer Dimension" 2 *Public Administration*, 66（1988）p. 198.
8） A. Richardson, *Participation*（Routledge Kegan Paul, 1983）p. 63.
9） セルフ・アドボカシーは、障害者の権利擁護運動の中で発展してきた概念で、一般には「自己の気持ち、欲求、思想などをグループあるいは個人として発言することによって、自らの権利を守り、自らの生活を変えてゆく活動をいう。このなかで、さらに、自己決定の意味、権利と義務の認識、問題解決の方法、を知ることによって自己を高めてゆくことを学ぶことである」（中園康夫「英国におけるセルフ・アドボカシー:学習障害をもつ人たちによる権利擁護運動」『ソーシャルワーク研究』16巻3号、1990年、158頁）と定義されている。なお、セルフ・アドボカシーも含めて、アドボカシーの活動およびその意義に関しては、Croft, S. and Beresford, P., *Citizen Involvement: A Practical Guide for Change*（Macmillan, 1993）pp. 85-91 を参照。
10） Ibid., pp. 178-180; Wistow and Barnes, *op. cit.*,（注 5）pp. 285-286 など参照。なお、こうしたマネジメントの視点が、いわゆる NPM（ニュー・パブリック・マネジメント）の考え方に連なるものであることは言うまでもない。
11） Croft and Beresford, *op. cit.*,（注 9）p. 180.
12） S. Arnstein, "A Ladder of Citizen Participation," 4 *Journal of the American Planning Association*, 35,（1969）pp. 216-224.
13） 福祉サービスの利用形式の契約化については、本書第3章参照。

Ⅳ
社会福祉と権利
―権利保障の可能性―

第9章 コミュニティケア憲章と新しい権利保障概念
―「柔らかい権利」としての福祉の権利―

1 はじめに

　いま社会福祉の分野では、福祉サービスの利用形態が措置から契約へと大きく転換したことを受け、利用者中心のサービスの確立に向けた議論が展開されている。ところで、利用者本位のサービスを実現していく上で、1つの大きなポイントになると思われるのが、サービスに関する基準設定など「基準」をめぐる問題である。つまり現在進みつつあるこうした利用形態の転換の真価というのは、単に利用方式といった仕組みが変化したことにあるのではなく、かかる仕組みの転換を通じて、いかに利用者に質の高いサービス、利用しやすいサービスを提供できるかという点にかかっており、現実に提供されているサービスの質や、その提供のされ方が、そうしたものとなっているかどうかを判断するためには、どうしてもそのための判断基準が必要となるからである。改革論議の過程の中で出された中央社会福祉審議会の中間報告（「社会福祉基礎構造改革について・中間まとめ」1998年6月17日）において、「サービスの提供過程、評価などサービスの内容に関する基準を設ける必要がある」と指摘されているのも、この点を踏まえてのことと考えられる。
　しかしながらこれまでの福祉行政の在りようからすると、こうした方向に向けての基準づくりはそう容易なことではないように思われる。とりわけそうした基準を福祉サービスに対する利用者の権利と関係づけようとする場合にはなおさらである。例えば、福祉施設の最低基準の法的位置づけに関して、「これらの基準は、行政庁が社会福祉施設設置者に対して求める監督上の準則にすぎず、入所者の側から最低基準に基づく福祉サービスを法的に求めることはでき

ない」とか、「仮に最低基準の存在によって、利用者が利益を受けるようなことがあったとしても、それは行政庁と施設設置者との間の法関係の中で監督権限が行使された結果得られた単なる反射的利益にすぎない」、などといった、利用者不在の議論が展開されてきたからである。[1] 近年では、さすがにこうした主張が、ストレートに展開されることは少なくなってきているようだが、それでもわが国においては、利用者を中心においた、そして利用者の視点に立った基準づくりが、まだまだ発展途上の分野であるという事実は否定し難いところである。

　この章では、以上のような問題意識に基づき、イギリスの「コミュニティケア憲章（Community Care Charter）」と呼ばれる取り組みを検討素材として取り上げて考察を加えてみることにしたい。ここでコミュニティケア憲章について取りあげるのは、1つにはそれが、自治体において提供されるコミュニティケアサービスの内容を、利用者の視点からまさに基準化したものであり、利用者を中心に据えたサービス基準のあり方を日本において考える場合、おおいに参考になると思われたからである。またこのことに加えて、憲章による基準の設定が、利用者の権利との関係でどのような意味を持つのかにつき、きわめて興味深い議論が論じられているという点もある。前述したように日本の場合、サービスに関する基準は、いわゆる内部的な基準として法的には意味のないもの——したがって裁判所による司法的救済の対象とならないもの——と解釈されるという傾向がみられた。ところが他方で現在、福祉制度の改革論議の中で、外部監査制度の整備やオンブズマンなどの苦情処理体制の整備など、裁判所とは異なる救済制度を設けることを通じて、福祉サービスに対する利用者の利益や権利を保障していこうとする動きもみられるようになってきており、裁判所による救済を権利性の存在のメルクマールとしてきたこれまでの権利論の枠組みでは、必ずしも十分に説明しきれないような利益や権利の問題が浮上してきているのである。詳しくは後述することになるが、実はイギリスではこの種の問題が、憲章をめぐる新しい権利保障のあり方に関する議論の1つとして論じられているのである。以下こうした問題関心にそって検討を試みることにする。

2 コミュニティケア憲章

1994年11月、イギリスの保健省は、地方行政を所管する環境省との共同通達「イングランドにおける地方コミュニティケア憲章のフレームワーク（A Framework for Local Community Care Charter in England）」（LAC(94)24）を地方当局に対して発給した。保健省はこの通達において、すべての地方当局が、コミュニティケア憲章を策定し、当該地方当局に居住する人々に、彼らが受けることができるコミュニティケアサービスと、その提供されるサービスの基準について周知していくことを求めた。こうした取り組みを地方当局に指示するにいたった背景には、1990年代の初頭から始められていた各種行政領域における「市民憲章（Citizen's Charter）」策定の動きが存在していた[2]。

市民憲章とは、一言でいえば、国民を、政治的にではなく、経済的に位置づけ、それをもとにして、行政機関のシステムあるいは行為をチェックしていこうとするものである[3]。言い換えれば、国民を公的サービスの消費者として位置づけ、このことを通じて、官僚主義的な公的サービスの改善を図ろうというのである。すなわち、これまで公的なサービスがどうあるべきかを最もよく知っているのは行政機関であると考えられてきたが、それは間違いであるという前提のもとに、民間サービスにおける消費者主権のごとく、国民に公的サービスの主導権を与えるというのが、市民憲章の発想なのである。そしてこうした発想を具体化していくための鍵として、次のような6つの原理を設定した[4]。第1に、人々が利用するサービスについて明確な基準が存在すべきであるとする「基準の設定」である。第2に、サービスについておよびそのサービスがどのように実施されているかについて、正確かつ十分な情報にアクセスできることとする「情報の公開」である。そして第3に「選択と意見表明」である。すなわち、十分な情報を得た上での選択を、利用者が可能な限り行えること、また、サービス利用者との協議が定期的に行われ、サービスに関する利用者の意見が基準の決定において考慮されること、が求められている。第4が、礼儀正しく

役に立つスタッフによってサービスが提供されることとする「礼儀正しさと有用性」の原理である。さらに第5として「問題が正されること」という原理である。問題が生じた場合には、謝罪や十分な説明、迅速で効果的な救済が講じられること、周知されていて利用しやすい不服申立て制度が存在すること、さらにその際、可能な限り独立した第三者により審査されることなどが求められている。そして最後に第6として、国民が提供しうる資源の範囲で、公的サービスを効率的かつ経済的に提供することとする「バリュー・フォー・マネー（金銭に見合う価値）」という原理である。[5]

こうした市民憲章の取り組みを経て、次のステップとしてコミュニティケア憲章の策定が提案されたのはきわめて自然なことであったと言えよう。このことは、前記の共同通達が、同憲章の策定を求めるに至った背景を説明している部分で次のように述べていることにも表れている。すなわち、「市民憲章の諸原理は、その目的が、人々が受け取るサービスの水準の改善にあるという点で、地方当局および保健当局にとって馴染みのあるものである。」(para. 2)「関係する諸当局は、一般的にコミュニティケア改革の実施につき良いスタートをきったといえる。当局は、（コミュニティケアに関する）それ自身の憲章を策定することによって、その成果をさらに大きくしていくことができるであろう」(para. 3)。「憲章の策定と実施は次のことをもたらすであろう。すなわち、サービス利用者や介護者が、そのサービスの提供のされ方に関して影響を及ぼすためのより一層の良い機会を、当局によって与えられることになること；人々が当局に期待できることについて明確でかつ正確な情報が提供されるようになること；当局が、達成を試みようとしていること、およびその達成能力という点で改善を試みようとしていることに焦点をあてることを可能にすること；サービスの質を監視する際の判定基準を関係諸当局が共同して設定するのを可能にすること、である。」(para. 4)

各地方当局は、この共同通達によって、1996年4月までに自分たちののコミュニティケア憲章を策定することを求められ、おおかたの地方当局において時期的なズレは多少あったものの、コミュニティケア憲章の策定が行われていっ

第9章 コミュニティケア憲章と新しい権利保障概念 167

た[6]。なおその後政府は、1999年12月に「ベターケア・ハイアー・スタンダード：長期ケア憲章（Better Care, Higher Standards : A charter for long term care）」というタイトルの新たな全国版の憲章を公表し、各地方当局に対して2000年6月末までにそれぞれの地方についての基準と目標を定めて当該地方の「長期ケア憲章」を策定するように求めた[7]。この長期ケア憲章というのは、コミュニティケア憲章と同様に、行政を公共サービスの提供者、そして住民を公共サービスの消費者と位置づけ、サービスの内容や達成すべき水準などを住民に明らかにするものであり、福祉、保健の分野に加えて住宅分野もカバーされているなどの違いもみられるが、基本的にはコミュニティケア憲章の役割・目的を継承するものといえる。2000年以降、ほとんどの地方当局が、コミュニティケア憲章に替えて長期ケア憲章を策定するに至っている。

さて、ここで以下に紹介するのは、憲章に関するこうした流れの中で、ニューキャッスル市（Newcastle upon Tyne）が1999年に策定していたコミュニティケア憲章の主な内容である[8]。

　　まず憲章では、次のような目次が掲げられている。
　　（目次）
　　1　コミュニティケア憲章と市民のみなさん
　　2　市民のみなさんに対する私たちの約束
　　3　サービス基準
　　　・アセスメントとケア計画
　　　・在宅介護とデイケアサービス
　　　・施設ケア
　　　・住宅
　　　・サービスに満足していますか？
　　4　私たちのサービスに対するモニタリング
　　5　一般的情報

以上のうち、1は、コミュニティケア憲章の目的とそれが住民にとってどんな意味やメリットがあるのかを簡単に触れているものであり、また5は、社会サービス局などの関係部局の連絡先や電話番号を掲げている部分である。内容

的に中心をなすのは、2、3、4の部分であり、これらについて以下に紹介することにする。

まず、2の「市民のみなさんに対する私たちの約束」の内容は図表9-1のとおりである。

次に3の「サービス基準」では、「利用者や介護者が、その受けたケアサービスの質に満足できるようにするための、明瞭に理解できる基準を設定することが何より重要である」として、図表9-2に掲げたような「アセスメントとケア計画」「在宅介護とデイケア・サービス」「施設ケア」「住宅」「苦情処理」等に関する基準が設定されている。

さらに4の「私たちのサービスに対するモニタリング」では、「私たちは次のことを約束します」として、以下の規定が置かれている。すなわち、

- この憲章の中のすべての基準が達成されるように努めます。
- 私たちの遂行能力について定期的にモニターしていきます。
- このモニターの結果について、毎年公表していきます。
- サービスを改善していくための方法についてみなさんと相談いたします。
- この憲章は、毎年、再吟味され、変化するニーズに応じるために基準の改善と追加を行っていきます。

以上、ニューキャッスルにおけるコミュニティケア憲章を紹介したわけだが、こうしたコミュニティケア憲章の取り組みに関しては、「世論対策のための宣伝活動にすぎない」とか、「市場における顧客と公的サービスの顧客（利用者）との違いや、両者が行使できる選択の質の違いが見過ごされている」などの批判が出されていることもまた事実である。しかし、これらの憲章化の取り組み[9]が、「公的サービスがサービス利用者の願いや期待に、より応答的となるためにはどうすればよいか」とか「利用可能な資源に制約がある中でサービスの改善を図っていくにはどうすればよいか」といった、一般の人々が実は大きな関心を寄せていた問題に迫るものであったことは疑いのないことであり、利用者主体の利用しやすいコミュニティケアサービスづくりにおいて、一定の役割を果たしているという点については、批判的な立場の者も含めておおかたの理解

図表9-1　市民のみなさんに対する私たちの約束

【次のことを私たちは約束します】
　ここで述べていることは、ニューキャッスルにおけるコミュニティケアサービスを展開させていくための共通した基盤として設定した原理です。
　障害や疾病、虚弱によって、その生活が影響を受けているすべての人は、（私たちに対して）次のことを期待できます。
○そのニーズについてのアセスメント
○礼儀正しいていねいな接遇と、知り得た個人の秘密についての厳守（ただし情報の開示について法律上または倫理上の義務がある場合は除く）
○援助を受けるためにはどのようにすればよいのか、またどこにいけばよいのか、さらにどのようなタイプの援助を利用できるのかなどについて適切な情報を得られること
○ニーズに応じた広範囲の地域サービスで、その質の確保のために定期的な吟味がなされるサービスにアクセスすることができること
○ケア計画の作成に参加し、生活の仕方についての考えを聞いてもらい、また生活の仕方についてコントロールすることができるということ
○生活の質を高め、個人の尊厳を守り、宗教的、文化的信念を承認することを基準としたサービスを受け取ること
○これらの基準が満たされているかどうかを知らされること
○申し立てた苦情に対する迅速、公平で徹底した調査の実施とその結果の通知
【私たちの責任】
　市当局と地区保健当局は、コミュニティケアの提供を確保する制定法上の責任を有しています。私たちは、その責任に基づいて次のことをしなければなりません。
○みなさんのニーズについてのアセスメント
○介護者に対するアセスメントの実施
○アセスメントで必要と評価された在宅や地域での介護サービスの提供
○アセスメントで必要と評価された施設ケアサービスの手配。どの施設にするかについて、みなさんには選択する権利があります。ただし、市当局は合意された範囲の費用までしか支払いません
○これらの施設に対する登録と監督を行い、市当局および保健当局によって設定された認証基準に従ってサービスが提供されるのを確保すること
○苦情などの申立てを調査すること
○障害を有する人々に、ニーズアセスメント（介護者に対するものも含む）、住宅改修のための障害者設備補助金（Disabled Facilities Grant）、生活のための助力や助言、支援サービスといった在宅での実際的な援助などを含むその他のサービスを提供すること
○精神保健上の問題を有する人々に、デイサービスや在宅ケア、精神保健介護、病院にいた人に対するアフターケアサービス、ソーシャルワーク援助などを含むサービスを提供すること
　また、私たちは次のことをすることができます。
○高齢の人たちに対して、家庭内での実際的サービス（住宅改修なども含む）、見守り（warden）サービス、助言や支援サービス（配食サービスを含む）などを提供すること
○病気の人々に対して、または病気を予防するために、デイサービス、夜間滞在サービス（Night Sitting Services）、回復やレクリエーションのための事業などを提供、実施すること
　私たちは、これらのサービスのいくつかについて費用を徴収します。施設サービスに関しては、国の規則に従った費用徴収をしなければなりません。またコミュニティケアサービスに関しては、ニューキャッスル市当局によって承認された裁量的な費用徴収を課すことができます。なお、臨時の出費をせざるをえないような場合には、例外的に、費用徴収の額が減額されることがあります。そうした場合にあてはまると思ったときは連絡してください。

図表 9-2 サービス基準

アセスメントとケア計画

基　準	あなたが期待できること
私たちは、ニーズ・アセスメントの求めに迅速に対応します	5労働日以内に応答します。その際、予想される待ち時間と、あなたの状況に変化が起きたときにそれを我々に伝える場合の連絡先についてお知らせします。 生命や身体に危険があるなどの優先度が高いものについては、即日、対応します。 在宅での生活能力が危険な状態にあり、優先度が中程度であると判断されるものについては、1か月以内にアセスメントが開始されます。 生活の質の改善がサービスの目的であり、優先度が低いと判断されるものについては、3か月以内にアセスメントを開始します。
アセスメントは効率的にかつ迅速に実施されます	ほとんどのアセスメントは、2労働週以内に完了します。他の専門家がかかわる複雑なケースについては、8週を要することもあります。あなたは、評価者やマネージャー、あるいは不服申立ての手続きを通じて、アセスメントの見直しを求める権利を有しています。
スタッフは、適切な訓練を受けています	あなたのアセスメントを行うスタッフは、必要なレベルの能力を身につけるための訓練を受けることになります。
必要な場合には、作業療法士が特別のアセスメントを行います	これは、全般的なニーズ・アセスメントと関連して行われます。優先度が高い場合には、1週間以内に訪問いたします。優先度が中程度の場合は、1か月以内に、また求められていることが軽微で優先度が低いものについては、3か月以内に訪問します。
緊急度に応じてヘルスケア・スタッフが、訪問します	緊急通報後、4時間以内に（日中の場合）、訪問します。緊急通報によらないで連絡を受けた場合には、2労働日以内に訪問いたします。また、48時間前に連絡することを条件に希望する日を予約できます。
病院から退院する人はアセスメントを受けることができます	病院を退院する前に、あなたは、保健および社会的ケアに関するニーズ・アセスメントを受けることになります。そして家に戻ってから、すぐにサービスが提供されることになります。
ケア計画が作成され、定期的に見直しが行われます	あなたは、アセスメント実施後2週間以内にケア計画のコピーを受け取ることになります。ケア計画には、あなたのニーズとそれに応じるためのサービスについての要点が記されています。またケア計画では、あなたのケア計画をコーディネートする者が指名されています。サービスは、アセスメント開始後2週間以内に開始されます。サービスに遅れが生じたり、あるいは利用できない等の問題が生じたときは、その問題についての十分な説明を受けることができます。
精神科医の専門的サービスとつながりがある人は、ケア・プログラムの下での援助を受けられます	主としてあなたのサポートにあたることになる特定のワーカーと、（ワーカーと）接触するための場所が用意されます。また、あたなが複雑なケア・ニードをを有している場合には、サービスをコーディネートするためのケア・マネジャーが用意されます。
金銭面のアセスメント（financial assessment）が行われます	受け取るサービスに対してあなたがいくら支払いをすることになるかの詳細を、文書で得ることができます。裁量的な費用徴収が適用される場合に、あなたがその費用を払う余裕がないと考えるとき、負担額の見直しを求めるにはどうすればよいかについての説明を行います。

第9章 コミュニティケア憲章と新しい権利保障概念　171

在宅介護とデイケア・サービス

基　　準	あなたが期待できること
サービス・マネージャーは、サービス計画の作成にあなたが加わることができるようにします	あなたは、サービスを受ける日にちやあなたを担当するワーカー、さらに移送が必要な場合にはその時間などを定めるサービス計画の作成を手伝うことを要請されます。
サービス計画のコピーを用意します	あなたとの間で同意されたサービス計画のコピーをあなたにわたします。
サービス計画は、定期的に見直されます	サービス開始後6週間から8週間で、あなたのサービス計画の見直しが行われます。別のワーカーにして欲しいなど、あなたが計画内容の変更を求める場合は、そのことにつきあなたと相談し、あなたの要望に応えられるように努力します。
すべての介護スタッフは、適切な技能を有し、訓練を受けています	あなたは、この仕事について適切な技能を有しているスタッフによって介護を受けられます

在宅ケアに関して

基　　準	あなたが期待できること
あなたとの事前の相談なしに、在宅ケアワーカーのチームが変更されることはありません	あなたへのサービスは、指名された在宅ケアワーカーのチームによって提供されます。例外的な場合を除き、この変更については、あらかじめあなたと連絡をとります。
栄養的にバランスのとれた食事を用意します	あなたは、栄養的にバランスのとれた食事の提供を様々なメニューから受けることができます。食事は、あなたの自宅か昼食クラブに配達されます。

デイ・センターに関して

基　　準	あなたが期待できること
サービスの変更については、あらかじめ通知します	例えばスタッフの訓練のために、センター（の業務）を一時的に休む場合には、少なくとも6週間前にその旨の通知をします。
サービスについての文書による情報を提供します	デイ・センターで利用可能な諸活動の情報について知らせていきます。可能な限り、あなたが参加したい活動をあなたが選択できるようにします。
食事を選択できるようにします	あなたは、デイ・センターの様々なメニューから食事を購入するか、または自分で食事を用意するかを選択できます。あなたが菜食主義であったり、医療的な理由で制限食を必要としている場合には、それに応じられる食事が常に提供されます。

施設ケア

基　　準	あなたが期待できること
ホームについての情報を提供します	あなたは、ホームについてのパンフレットも含めて、あなたが選択したホームに関する文書での情報を得ることができます。ホームは、喫煙や飲酒についてのホームの方針を公表します。
体験入所のための試験期間を用意します	あなたは、ホームに満足するかどうか確かめるため、ホームでのケアを試験的に4週間まで受けることができます。その期間は、あなたの前のホームでの地位は放棄されずに維持されます。

再アセスメントの実施が可能です	あなたのケア・ニーズが変化し、それらのニーズに現在のホームが対応できない場合には、あなたは、あなたの将来のケアに影響を及ぼすすべての決定に関与することができます。
日に3度、栄養のある食事をとれます	あなたは日に3度栄養のある食事をとれます。医療的な理由から制限食が必要な場合には、それに応じた食事が常に提供されます。
誰があなたに対する個人的なケアを行うかについてのあなたの希望を尊重します	あなたに対する個人的なケアを、男性のスタッフがする方がよいのか女性のスタッフがする方がよいのか、スタッフについての好みがあれば、理にかなっていると考える範囲内で、ホームはあなたの要望に応じるためあらゆることをします。
週ごとに手当が支給されます	あなたは、あなた個人の手当をすべて貰えます。あなたのサービス計画に反しない限り、あなたは、すきなようにそのお金を使うための機会を持てます。
訪問者は歓迎されます	あなたは、合理的な時間帯であれば常に、訪問者に会うことができます。

住　宅

基　準	あなたが期待できること
私たちは、すべての借家人と入居申請者に対して保証しているサービスを公表します	あなたが、市の住宅の借家人であるか、入居申請者である場合には、保証されるサービスについての文書のコピーを受け取ることができます。これらは、近隣の住宅事務所で入手できます。
私たちは、医療的な理由により入居を求めているすべての申請者を2週間以内に訪問します	医療的な理由に基づく当初の入居申請から2週間以内に、住宅管理担当官（a housing management officer）の訪問を受けることになります。
あなたの申請は、訪問後4週以内に評価を受けます	私たちは、4週間以内に、あなたの申請を評価し、決定について通知します。
入居申請者は、少なくとも1年に2回、審査を受けます	早期に入居することができない場合であっても、あなたの申請は、少なくとも1年に2回、審査されます。
私たちは、ホームレス・パーソンズ・ユニット（Homeless Persons Unit）に申し込んできた人たちの優先順位の評価を、2週間以内に、関連するすべての情報を受け取って行います	ホームレス・パーソンズ・ユニットへの申込みに対しては、2週間以内にすべての受け取った関連情報から、優先順位についての評価がなされます。
警報器の呼び出しには即座に応答します	あなたが、非常監視サービスを呼び出した際には、即座に応答します。最も適した非常用サービスがあなたと連絡を取ります。必要な場合には、移動監視人（a mobile warden）が、20分以内にあなたのところに到着するようにします。

サービスに満足していますか？

基　準	あなたが期待できること
効率的に運営されるサービスが、利用者や介護者の不満に対処するために用意されます	サービスについてのあなたのいかなるコメントにも耳を傾けます。あなたは、否定的なコメントであろうと肯定的なコメントであろうと好きなように行えます。申し立てられたすべての苦情について十分に調査します。
手続きを説明したリーフレットを用意し利用できるようにします	苦情申立ての手続きや、それがどのように働くかについて説明したリーフレットを用意し利用できるようにします。この情報については、民族的少数派の主な言語や、視覚障害をもつ利用者にも使える形で提供します。

| 苦情については、適切な期間内で対処するようにします | 申し立てられたすべての苦情は、手続きで定められた期間内で、十分に調査されることになります。 |
| 苦情申立ての結果については、それを知ることに正当な必要性を持つ者に伝達されます | 調査の間、あなたの秘密は常に守られます。ただし、良質サービスの提供を確保することを目的として、その結果と勧告内容は、サービス提供に責任を有するマネージャーに共有されることになります。 |

を得ているといってよかろう。少なくとも、サービス利用者の視点に立った基準づくりがまだ十分な段階にあるとは言えないわが国においては、こうしたコミュニティケア憲章の取り組みから学ぶべき点が多々あることだけは確かである。

　ところで、コミュニティケア憲章では、設定されている基準どおりのサービスが提供されていないなど、基準とサービスにかかわって不服がある場合には、苦情処理制度とかオンブズマンなどの裁判所以外の不服申立て制度によって対応することが基本とされている。つまり、コミュニティケア憲章の基準は、司法救済により担保されているという意味での強行可能性を必ずしも有しているわけではなく、したがって憲章によって保障される利益も、厳密な意味では法的権利ではないということになってくるのである。しかし、司法救済ではないとしても、不服申立て制度によって現実に問題が正され、利用者の利益が保障されていることも確かな事実である。このように、その利益が侵害された場合、制度的に一定の保障を受けることができるのだが、しかし厳密な意味では法的権利とは言い難いような利益を、法的にどう位置づけたらよいのだろうか。この点を考えるにあたって、興味深い議論を展開しているのが、I.バイノー（Bynoe）による新しい権利保障概念に関する議論である。ただしこの議論に関する考察に入る前に、あらかじめ福祉サービスと権利の問題をめぐって多少の論点整理をしておくことにしたい。

3　福祉サービスと権利

　イギリスでは、社会サービス、とくに福祉サービスの権利というのは、現実的な意義としては単なる抱負を意味するだけであって、それ以上のものではないと言われることがよくある。[10]つまり、その権利を実現するという保証はなんら用意されておらず、権利という言葉が使われてはいても、それは実際には、サービス提供者が中期的、長期的に目標とするターゲット、あるいは願い事のリストといった性格のものでしかないというのである。コミュニティケア憲章にはこうした性格の権利が多くみられる。他方、これとは対照的に論じられるのが、典型的には財産的な権利にみられるように、権利保持者との関係で、個別具体的な法的拘束力が生じ、権利内容の実現が強行され得るように設定されている権利である。この場合、例えば給付行為がなされないなどの不作為の状態を示すことができた権利保持者（利用者）は、その権利が実現されるべく裁判による救済を受けることが当然できることになる。真の意味での権利とは、こうした権利内容の強行可能性という実体を備えた権利を言うとするのが、権利を厳格に捉える立場からの主張である。そして社会サービスの分野では、この種の権利に当てはまりうるのは、一部の社会保障給付（例えば社会保険給付など）の場合を除きあまりないというのが現実の姿であろう。

　それでは、福祉などの社会サービスに関する権利は、なにゆえ権利内容の強行可能性を伴った権利として成立し難いのであろうか。これについては、おおよそ次のようないくつかの制度的制約要因の存在が指摘されている。[11]第1に、そもそもサービスの需要がどれくらいになるかの予想が困難であり、資源に制約がある中では、すべての市民にサービスの提供を保障することは実際問題としてきわめて難しい。第2に、権利が強行可能なものであるためには、それに対応する義務が明確に特定されている必要がある。しかし現実のサービスは、サービス提供者の義務を明確かつ一義的に記述できるほど単純なものではない。第3に、公的サービスというのは、もともと社会やコミュニティといった公共

的なレベルでの利益や福祉の促進が求められており、臨機応変な対応や優先順位の設定、ラショニング（資源割当）などの機能を発揮することが重要となる。形式的でリジッドな権利関係の設定は、これらの必要とされるものを阻むことにつながる。第4に、権利の強行のためには、利用者自身が能動的に自己の権利を追求することが必要となるが、社会サービス、とりわけ福祉サービスにおいては、そうしたことを期待できる利用者ばかりではない。第5に、強行可能な権利関係を促進させることは、サービス利用者と提供者の間の関係を対審的で対立的なものとし、双方にとって必ずしもよい結果をもたらすとは思われない、などである。

　社会サービスの利用者の人格と利益を尊重するということを、いわゆる「権利」の保障としてとらえるなら、それに異を唱える者はおそらくいないであろう。コミュニティケア憲章などの動きも、そうした方向へ向けての重要な歩みとして評価できる。しかし、権利というものを厳密にとらえた場合、多くの社会サービスの権利が「強行可能な」という意味での権利とは言い切れないことも確かである。実際人々は、政治家や行政の担当者が、社会サービスの分野において、理念としての「権利」、あるいは抱負としての「権利」でしかないことについて権利として論じていることに関して懐疑的になっているとの指摘もある。コミュニティケア憲章や、市民憲章に対して、単なる世論対策やPRでしかないとの醒めた見方が出されているのも、こうしたことが要因として影響しているのである。

　権利を真の意味で実現させるためには、社会サービスの分野でも強行可能な権利関係を設定する必要がある。しかし、それはそう簡単なことではなく、また上記の制約要因の存在を踏まえるならば、そうすることが必ずしも常にベストであるとも言い切れない。近年、福祉の分野で、手続き的な権利保障が積極的に論じられるようになってきている理由も、1つにはこうしたことが背景となっているものと思われる。つまり、権利の制約要因の多くがいわゆる実体的権利に関する問題であるので、手続き的な権利保障であれば、それらの多くをとりあえずは回避することができるというわけである。しかし、手続的権利論

は、権利内容の問題、権利の実体の問題を正面から論じることを、ある意味であきらめてしまうということでもある。権利の実体の問題を射程に入れた権利論は成立しないのであろうか。次に取りあげるバイノーによる新しい権利保障概念に関する議論は、社会サービスの権利をめぐるこうした問題状況を踏まえて提起されたものなのである。

4 新しい権利保障概念としての「柔らかい権利」

1 新しい権利保障概念の可能性

現在の法制度上の枠組みのもとでは、法律が、資格やサービスの質についての明細な最低基準や利用者（顧客）の取扱いについての明瞭な基準などを設定しているのでない限り、そのサービスは、強行性のない行政上の基準に従って提供されていると位置づけられることになる。このことは、政府が、コミュニティケア憲章などの中で、サービスの適切な範囲と質について言及した基準を設定している場合であってもあてはまる。バイノーが狙いとしたことは、こうした強行性のない行政的な基準——したがって厳密な意味では法的拘束力のない基準——と、強行可能な法的権利との間にあるギャップを、問題のある行政活動（maladministration）を統制・排除するためにこれまで発展してきた不服申立て制度（オンブズマンや苦情処理制度などの裁判所以外の救済制度）のシステムに依拠しながら、橋渡しをすることであった。[12]

一般に、法的権利に基づいてサービスが提供される場合には、最終的には司法的な救済が得られるということから、その権利内容の実現に対して安定していてかつ信頼しうる見込みを持つことができる。これが権利の「強行性」ということの意義であり、社会サービスにおいても当然こうした見込みをもてることが望ましい。しかしながらそれには、前述したような制度的な制約要因をめぐる問題が立ちはだかっている。したがってこのような状況の中で必要とされるのは、そうした制度的な制約要因に起因する諸問題を伴わせることなしに、サービスに対する権利関係の設定という考え方を進めていけるようなアプロー

第9章　コミュニティケア憲章と新しい権利保障概念　177

チを導入することなのである。バイノーは、これを、司法救済の対象とはならないが、オンブズマンなどの不服申立て制度での救済の対象となりうる利用者の一定の利益に、新しい権利保障概念としての位置づけを与えることで、具体化しようとしたのである。つまりこれまで、こうした裁判所による救済にのらない利用者の利益の法的位置づけというのは、実際のところあいまいなところが多分にあったのだが、バイノーは、そうした利益のうち、不服申立て制度のバックアップによって、その利益内容の実現に対して安定していて信頼できる見込みをもたせられるものを、新しい権利保障概念として一定の法的な位置づけを与えようとしたのである。

　さて、こうした裁判所による強制的実行（権利の強行性）が保証されているわけではないにもかかわらず、現実の社会において当事者が何らかの拘束感を持ちながら従っている法的規範を論じる枠組みとして、「ソフト・ロー」と「ハード・ロー」という議論がある。この場合、ハード・ローというのは、法的拘束力があり最終的に裁判所で履行が義務付けられる社会規範のことを指しており、ソフト・ローとは、法的な拘束力がない社会規範のことである。ただしそのような裁判所による強制力がないとはいえ、例えば企業のソフト・ロー違反──具体的な例としては、海外向けにはアスベストを使用しない商品を製造して輸出しているのに、国内では規制されていないのでアスベストを使用した商品を販売しているとか、現地農園で子どもたちが低賃金で長時間労働をさせられているのを認識していながら価格が安いということでそこの穀物を輸入するなど──は、企業の社会的責任（いわゆるCSR：Corporate Social Responsibility）を自覚していないとして、取引先や市場から大きな制裁を受ける危険がある。そのため、いまや多くの企業が、自主的取り組みとして、ソフト・ローを守り、市場や社会から信頼されるように努力するようになってきているというのである[13]。バイノーの新しい権利保障概念とは、ある意味でこうした枠組みを社会福祉の領域に適用しようとするものとみることができよう。以下、バイノーの議論を参考にしながらこうした新しい権利保障概念について検討を加えることにするが、ここでは、この種の新しい権利保障概念のことを、上記のハード・ロー

とソフト・ローの枠組みにならって、裁判所による強制的実行が保証されているわけではない権利という意味で「柔らかい権利（ソフト・ライツ soft rights）」と呼ぶことにして、その意義と課題について議論を進めていくことにしたい[14]。

2 成立のための前提条件

以上のように性格づけられた新しい権利保障概念としての〈柔らかい権利〉というものを、具体的に実現可能なものとするためには、その前提としていくつか必要となってくる条件がある[15]。

第1は、〈柔らかい権利〉としての保証内容（guarantee）の明確性である。提供される多くのサービスが、雑多で複雑な内容のものとなっている。そうした中で、それらのサービスを〈柔らかい権利〉の問題として論じるためには、当該サービスの基準や仕様（specification）が明確であるということが、まずは必要である。提供されるサービスとの関係で、利用者が何を期待できるのかがはっきりとしなければ、〈柔らかい権利〉といえども、権利としての主張がそもそも不可能だからである。この点でこれまでの政府の憲章化の取り組みは、サービス提供主体がこの種のことを行うにあたってのよい経験となっているものと思われる。

第2は、〈柔らかい権利〉としての保証内容に関しては、両義にとれるようなことがあってはならない（unequivocal）ということである。とくに例外については、厳格にあらかじめ定めておくことが必要であろう（例えば自然災害などによる予期せぬ要求に関することなど）。

第3に、政策目標の変化を反映しうるものでなければならないということである。政策上の目標が変化したなら、それに対応して〈柔らかい権利〉の保証内容（具体的にはその文言）もまた変化させていく必要がある。そうした変化を、サービスの運用上の問題として処理すべきではない。

第4に、コストやパフォーマンスを考慮に入れられる柔軟性である。〈柔らかい権利〉の保証内容に対する苦情は、司法システムではなく不服申立て制度などの裁判所以外の救済制度において対応されるべきである。司法的な強制は

費用の点でも時間の点でも高くつき、そうした司法制度の中に〈柔らかい権利〉の仕組みを組み込むことは望ましくないと考えられるからである。状況の変化に応じた迅速で効果的な変化を許すのに十分な程度の柔軟性を保持するような形で、〈柔らかい権利〉の仕組みが創設されることが望まれる。

　第5に、地域の実情に応じた優先順位を考慮に入れることができなければならないという点である。基本的には、中央政府が設定するフレームワークの中で、〈柔らかい権利〉の保証内容について、地方が自分自身で決定できるようになることが望ましい。

　第6に、設定する基準の位置づけを明確にするという点である。〈柔らかい権利〉の保証内容は、明確な基準の設定が促されるようなものである必要がある。また、将来において満たされることになるであろうターゲットとしての基準と、今現在満たされなければならない基準との違いをはっきりとさせるのを促すものでなければならない。こうした面での展開は、監査、監督のプロセスにおいても役立つものとなるだろう。

　第7に、サービス利用者の協力と責任（user-cooperation and responsibility）という点である。多くの公的サービスが、サービスを求める者からの相互的な責任やコミットメント、モチベーションをある程度必要とするような仕方で、提供されている。つまりサービスは、その濫用や誤用を防止するために、あるいは効果的なサービスとなるために、それを利用しようと意図する者の側に高度の責任を期待する場合があるのである（歯医者の治療、教育、防犯における警察のサービスなど）。こうしたサービスを受けることを、単なる消費物資を得ることと同じように考えるのは適当とはいえないだろう。実際、こうした点が、社会サービスを、財産的な権利関係の対象として構成しづらくしている1つの理由となっているのである。したがって〈柔らかい権利〉の仕組みによって保障されるサービスの利用者は、その相互的な義務（reciprocal duty）としてそうしたサービスを利用する時の責任や協力というものを示すことが求められているといえよう。とりわけ、サービスが希少でその不適切な利用が、他者のサービス利用の機会を奪うことになることの多い社会サービスの領域では、こうした協

力関係の存在は、効率的で経済的、効果的なサービスを有することから得られる公的利益と明らかに一致するものである。

以上にみてきたいくつかの条件は、例えば基準の明確性を求めている点など、従来の裁量統制論としての「基準化論」（基準によって行政の裁量を統制し権利保障をより確実なものにするという観点からの議論・本書第2章参照）で論じられていることと重なる部分もある。これは、〈柔らかい権利〉という考え自体が、基準を設けることを前提とした議論である以上、ある意味で当然のことでもあるが、ここで特に指摘しておきたいことは、そうした重なる部分についてではなく、従来の議論ではみられなかった部分の存在である。具体的には、社会サービスの権利が強行可能な権利となることを阻むものとして先に取りあげた、いくつかの制度的制約要因に対する対応が意識されている部分についてである。例えば、「資源の有限性」という問題に対しては、コストパフォーマンスに対する考慮や、サービス利用者の協力や責任を重視するといった部分にそうした配慮がみられるし、また、サービスの複雑性の問題や優先順位の設定やラショニングの必要性といった問題に対しては、政策目標の変化を反映させることや、地域の実情に応じることを求めている部分などにそうした配慮がみられる。さらに、財産法的な関係では一般的な対審的・対立的関係を、社会サービスの分野では必ずも前提にすることができないという問題に対しても、サービスの利用者と提供者の協力関係を前提条件として組み込もうとしている点などに、そうした配慮をみて取ることができよう。

3 〈柔らかい権利〉の成立形式および特徴

(1) 成立形式　〈柔らかい権利〉による権利保障を制度化させる仕方には、2つの方法が考えられる。1つは、自治体などの供給主体自身が、一定の準備期間と協議のあと、そのサービス基準を〈柔らかい権利〉の対象として保障することを自ら選択するという方法であり、もう1つは、外部の組織（通常は中央政府）が、自治体などの供給主体に対して当該サービスが〈柔らかい権利〉の対象として保障されることを求め、それに自治体などが応じるという方法で

ある。いずれにせよこうした成立形式のことも含め、〈柔らかい権利〉として保障することの内容と範囲、そして保障の方法等の枠組みについては、法律によって規定しておくことが望ましいだろう。

なおここで取り上げた〈柔らかい権利〉のような新しい権利保障概念は、サービスや給付を受けるプロセスから実体的なサービス内容の問題にいたる、サービスの提供をめぐる様々な側面で適用することが可能である。例えば、コミュニティケアに関するもの以外にも、バイノーは次のようなものが対象となり得るだろうとしている。すなわち「住宅サービス」に関するものとして、居所を求めるホームレスの取扱い、地方当局の住宅修繕サービス、住宅の新規応募者に対する配分システム、住宅給付に対する請求など。また「ヘルス・ケア」に関するものとして、待ち時間の問題や患者への主要な情報の提供、ケアと退院の計画など個別の標準的な治療の経路、一般医の訪問の手配（home visiting arrangement）など。さらに「教育サービス」に関するものとして1クラスの生徒数の上限、本や備品の生徒1人あたりの支出額、スタッフの資格（qualification）や経験、定期的なアセスメント、特殊教育ニーズのアセスメントに関する業務などである。[16]

また、適用領域を広げていくために、自治体などのサービス供給主体が、〈柔らかい権利〉という新しい権利保障の仕組みの導入を促進するようなインセンティブをつけることも可能である。例えばバイノーは、サービスを〈柔らかい権利〉の対象とすることと結びついた財政的優遇措置とか、サービス利用者がより良いサービスを〈柔らかい権利〉によって保障されていることに基づいた追加的サービス資源の提供などが考えられるとしている。[17]

(2) **特徴**　〈柔らかい権利〉のような新しい権利保障概念によって得られるものは何なのか。また、それは、既存の憲章の利用とどのように異なるのか。〈柔らかい権利〉に関しては、基本的にこれまで同様にオンブズマンなどの不服申立て制度をベースにした救済システムが想定されており、基準違反に対して、とくに司法的な強制力の裏付けが用意されているというわけではない。そ

の意味では既存の憲章の利用とあまり変わらないようにみえるかも知れない。しかし〈柔らかい権利〉概念には、これまでの憲章などにおける基準化の取り組みと決定的に異なっているところがある。それは、サービス提供主体が、特定のサービスについて、みずから〈柔らかい権利〉として保障することを決定し、それを明確かつ具体的な基準でもって公に表明し保証を与えているという点である。このような特徴、すなわち、みずから基準を守ることを公に表明し保証を与えるということは、権利性の問題を考える上できわめて重要な意味をもっているといえる。

先に、司法的な強制力の裏付けが存在することの意義として、「権利内容の実現に対して安定していてかつ信頼しうる見込みをもつことができる」ということを指摘しておいたが、このことは逆に言うと、「安定していてかつ信頼しうる見込み」を何らかの仕方でもつことができるのであれば、「権利の保障」という意味では、司法的な強制力の裏付けということに何もそう強くこだわる必要はないということでもある。確かに市民憲章やコミュニティケア憲章など、これまでの基準化の取り組みにおいては、将来の努力目標としての基準と今現在満たされなければならない基準とが混在したりしていて、基準が守られるということに必ずしも確かな見込みを持つことができないところがあった。そしてそのことが、司法的な強制力の裏付けのない不服申立て制度だけでは権利保障として不十分であるとの議論にもつながっていた。これに対して〈柔らかい権利〉概念においては、サービス提供主体が、基準を具体的に守っていくことをみずから公に表明し保証を与えているわけであり、司法的強制の裏付けがなかったとしても、こうした保証と不服申立て制度が合わさることによって、基準の実現に対する「安定していてかつ信頼しうる見込み」を持つことも十分可能となるのである。バイノーは、〈柔らかい権利〉というものを、「強行性のない行政的な基準と、強行可能な法的権利との間にあるギャップを、問題のある行政活動を統制・排除するためにこれまで発展してきた不服申立て制度のシステムに依拠しながら、橋渡しをするもの[18]」として特徴づけていたわけだが、まさにこうした保証機能こそ、その橋渡しの役割を果たすものなのである。

第9章 コミュニティケア憲章と新しい権利保障概念　183

1) 田中幹夫「保育所入所児童による最低基準の履行請求・本山保育所事件」佐藤進ほか編『別冊ジュリスト・社会保障判例百選（第2版）』（有斐閣、1991年）212-213頁。
2) 例えば、当時、「患者憲章（The Patients' Charter, 1991.9）」、「社会保障実施機関・顧客憲章（Social Security Agency Customer's Charter, 1992.7）」、「借家人憲章（Tenant's Charter, 1992.9）」、「裁判所憲章（The Courts Charter, 1992.11）」、「バス乗客憲章（Bus Passengers' Charter, 1993.2）」、「高等教育憲章（The Charter for Higher Education, 1993.9）」など、様々な領域で憲章が策定されていった。市民憲章の成立過程と評価については、A. Barron and C. Scott, "The Citizen's Charter Programe", 4 *The Modern Law Reveiw*, 55, 1992, pp. 526-546; J. Tritter, "The Citizen's Charter : Opportunities for Users' Perspectives ?", 4 *The Political Quarterly*, 65, 1994, pp. 397-414. などを参照。邦語文献としては、竹下譲『シチズン・チャーター：現代版マグナカルタ？』CLAIRレポート、自治体国際化協会（1993年）西尾勝・松村岐夫編『講座行政学第6巻・市民と行政』（有斐閣、1995年）64-66頁参照。
3) 西尾・松村・前掲書（注2）64頁。
4) I. Bynoe, *Beyond the Citizen's Charter : New Directions for Social* Rights（IPPR, 1996), p. 9 参照。
5) 周知のとおり、イギリスの市民憲章の取り組みは、サッチャー政権を引き継いだメージャー政権により打ち出されたものである。ちなみに、その後、1997年に保守党にかわって労働党が政権について以降、「効率性」の問題だけではなく「有効性」も行政サービスの質の評価にとって重要であるとして、「ベスト・バリュー（Best Value）」（＝最良の行政サービス供給）という新たな概念が打ち出された。ただし、ベスト・バリューにおいても、外部委託や民営化を通じての競争を、最良の行政サービス供給実現のためのプロセスの1つとして重要視しており、考え方や方向性の問題としては、保守党時代の市民憲章の延長線にあるアプローチ方法としてみることができよう。自治体国際化協会『英国の地方政府改革の系譜』（(財)自治体国際化協会、2006年）22頁以降参照。
6) 具体的には、次のようなスケジュールが通達において示されていた。すなわち、1995年4月までに関係当局間の準備段階の協議、および利用者や介護者その他利害関係者との準備段階の協議；1995年夏までに草案となる文書の作成；1996年1月までに最終的な詰めの協議；1996年4月までに憲章の公表。なお、この共同通達は、1997年4月1日をもって失効することがあらかじめ定められていた（LAC⑨424, para.31）。したがって現在この通達自体は失効している。これは、各自治体が憲章策定に着手した初期の段階においては、中央政府によるガイダンスが必要であろうが、実際に憲章が策定され実行されれば、後は各地方当局の独自の判断で発展させていくべきであるとの考えによるものと思われる。コミュニティケアという地域をベースにしたサービスに関する憲章であることを考えるなら、地方の独自の判断に任せるというのは当然のことともいえよう。
7) Department of Health et al., *Better care, higher standards : A charter for long term care*, 1999, para. 3（http://www.dh.gov.uk/assetRoot/04/05/14/15/04051415.pdf 最終アクセス日2006年11月11日）。

184　Ⅳ　社会福祉と権利

8) 本文でも触れたように全国版の長期ケア憲章を出した政府の要請を受けて、ニューキャッスル市でもその後2000年には同市の「長期ケア憲章」が策定され、同憲章がそれまでのコミュニティケア憲章に取って代わることになった。その意味で、本文で紹介しているコミュニティケア憲章は既に歴史的な文書となっているわけだが、ここではあくまでも、「憲章」という手法が福祉の分野での利用者の権利・利益の保障にとってどのような意味があるのかをみるための資料として、同市のコミュニティケア憲章を取り上げているということをご承知おきいただきたい。

9) Bynoe, *op. cit.*,（注4）pp. 72-74 参照。

10) 福祉の権利をめぐる議論については、R. Plant and N. Barry, *Citizenship and Rights in Thatcher's Britain : Two Views*（IEA, 1990）を参照。

11) Bynoe, *op. cit.*,（注4）p. 93 参照。

12) *Ibid.*, p. 123 参照。

13) 佐藤泉「ソフトローとハードローの交錯」（『農林金融』11月号、2005年）16-17頁を参照。

14) 権利の問題を「soft rights と hard rights」という文脈で論じることについては、日本では、ソフト・ローなどの議論に比べるとまだあまり一般化していないが、海外ではそうした観点からの議論はそれなりにみられる。例えば、George Kent, *Freedom From Want : The Human Right To Adequate Food*（Georgetown University Press, 2005）pp. 83-85 など。なお、バイノー自身は、この新しい権利保障概念についてギャランティー（guarantee）という語を用いて議論をすすめている。本章のベースとなっている初出論文（「コミュニティーケア憲章と新しい権利保障概念」大山博他編『福祉国家への視座――揺らぎから再構築へ』ミネルヴァ書房、2000年）では、それを踏まえてギャランティーという語をそのまま用いたが、日本では、この語は「保証」という意味よりは「出演料、契約金」といった意味合いで用いられることが多く、そのまま用いるのは必ずしも適切ではないと考え、さらに本文で述べたような趣旨も加味してここでは「柔らかい権利」という語を用いることにした次第である。

15) Bynoe, *op. cit.*,（注4）pp. 122-123 参照。

16) *Ibid.*, pp. 125-126 参照。

17) *Ibid.*, p. 124 参照。

18) *Ibid.*, p. 123.

第10章　社会福祉と権利の理論

　前章で、福祉の権利を「柔らかい権利」として位置づけることの意義を論じたわけだが、ここであらためて、これまで本書で論じてきたことを全体として踏まえながら、社会福祉における権利の問題について考えてみることにしたい。

1　福祉の権利のとらえ方

1　福祉の権利に対する消極論および否定論
　最初に、福祉の権利に対する疑念や否定論として、どのようなことが論じられているかをみておくことにしよう[1]。まずは、人々の福祉が確保されることは当然望ましいとしながらも、福祉を権利として論じることには疑問があるとする立場からの次のような議論がある。すなわち、すべての人間が十分な水準の生活を送れることは、きわめて望ましいことであるのは疑いのないことであるが、しかし、そのことによって、困窮状態にある個人が、福祉給付に対する権利を有することを意味することになるわけではない。つまり、真の意味での福祉の権利というのは、請求権でなければならず、さらに請求権は、請求の内容を充足することに対応する義務を、論理的に含意することになるが、しかしこうした義務を想定することは不可能なことである。利用可能な資源に制約があるときには、必要とされる福祉的援助のすべてを供給することは不可能だからである。このような不可能なことをなす義務というのはありえないのであるから、したがって福祉に対する何らかの普遍的な権利というのを想定することは無意味なことである。そして、こうした立場からの議論としてしばしば引用されるのが、M. クランストン（Cranston）の議論である。その議論の要旨は、おおよそ次のような内容である。すなわち「資源の不足という条件の下では、福

祉に対する法的権利の概念を成立させるのは困難である。法的請求権という概念は、訴訟によって救済が得られるという想定と論理的に結びついている。しかし、裁判所は、医療ケアや適切な住宅などといった福祉給付を提供するプログラムを用意するよう命じる立場にはない。なぜならそのためには、立法府の活動によってはじめて現実のものとなるところの十分な資源を伴った行政プログラムを確立する必要があるからである。福祉の権利は、しばしば利用し得ない資源に依拠する請求を含んでいる。それゆえ、福祉給付に対する権利を論じることは、単なる理想——それは明らかに望ましいことなのだが——と、対応する義務を必然的に伴う真の権利とを混同することになる[2]。」

こうしたクランストンの議論に対して、福祉の権利を擁護する立場から当然反論もなされている。例えば、C. ウェルマン（Wellman）はこの問題について次のように反論している。「裁判所が福祉給付を行う資源を欠いていることは、認めねばならないが、しかし、だからといって裁判所に訴えることが、福祉給付に対する法的請求権を実現する効果的な方法でないということにはならない。この種の問題は、実は福祉の権利に限った問題ではないからである。例えば、債権者が債務者に対して支払いに対する法的請求権を有しているときに、債務の履行が行われない場合、裁判所は、債権者の救済をなすにあたって、その予算から債権者に支払いをする必要はない。ただ債務者に返済を命じ、その命令に従わない場合には法廷侮辱罪と認定されて処罰されると威嚇しておくだけでよいのである。この場合、裁判所自身が処罰を科す資源を有しているわけではない。裁判所は、立法府によって割り当てられた予算により成り立っている警察や刑務所に依拠するわけである。つまり、裁判所は、その決定が尊重され、かつ他の政府機関によって実行されるという理由によって、請求権を本物にするために必要な法的救済を提供できているのである。そうであるならば、裁判所が、福祉給付をなすことを何らかの政府機関に命じることができないという理由は、原理的にはないはずである[3]」。このように考えるならば、金銭の支払いに対する債権であっても福祉の権利であっても、確かに同じように論じられるわけであり、資源に依拠するということが、福祉の法的権利性を論じる上で

の概念的な障害にはならないと言いうるであろう。ただし、この議論の範囲ではカバーされていない問題もある。それは、福祉給付をなすことを政府機関に対してなにゆえ命じることができるのか（あるいは福祉給付を政府機関がなにゆえ義務づけられているのか）、という福祉給付の根拠や正当性に関しての問題である[4]。そしてこの点を問題にしているのが、次に紹介するリバタリアニズム（自由尊重主義）の議論なのである。

　政府の役割との関連で、リバタリアニズムの典型的な議論を展開しているのが R. ノージック（Norzick）である。ノージックは、この点について大略次のようなことを述べている。すなわち、個人が自らの労働によって正当に獲得した財産はすべてその個人に帰属するものであり、当人の自発的な同意なしにそれを徴収したり移転させたりして計画的な再配分を行うことはできない。とりわけ、社会全体の平等や福祉の実現のために行われる貧困な人々への政府による経済的援助や医療サービスの整備などは、その財源確保のための税徴収との関係で、他の人々が有する正当な財産への侵害を生じさせるために決して許容されない。さらに、そのような福祉の拡大は、それ自体、自助努力によって貧困を脱しうるはずの個々人の自立への干渉となって結果的にはかえって人々を自堕落にさせてしまうものである。個人の生の独自性と自由権の不可侵性とを基本とする限り、財の配分の状態はあくまで個々人の自由で正当な活動を通じた結果として自然に定まるべきものであって、政府による一定の社会的再分配計画の実現の観点から操作されてはならないのである。もちろんその場合には、富の不平等の問題が生じる。しかし、富者は通常その生来の能力や努力によって自由かつ正当にその財産を獲得するのであって、その過程で他人の権利を侵害していない限り、いかなる目的のためであってもその財産を強制的に徴収し貧者に配分するということは道徳的に正当化しえない、とするのである。かくしてノージックによれば、正当化可能な国家として唯一擁護できるのは、その職務が、暴力・詐欺・窃盗・契約破棄から人々を守るという夜警国家的作用に限定された最小国家（minimal state）であり、その職能を超える福祉国家的な拡大国家（extensive state）は道徳的に正当化されないというのである[5]。

以上簡単に紹介したように、リバタリアニズムが福祉の権利を否定するのは、第1に、福祉の実現のためには他人の財産権を侵害せざるを得ないということ、第2に、自己の生活は自己の責任において行うべきものであり、福祉の充実はかえって個々人の自立的な生活能力を奪い彼らをますます他人依存的で怠惰な存在へと貶めることになるということが大きな理由となっている。しかしこうした議論に対しては、国家による社会的不平等の是正のための積極的活動を擁護し福祉給付の正当性を主張する立場からの批判も数多く出されている。例えば、第1の点に関しては、「人間の存在条件には一定の社会的共同性がある以上、個々人の活動から得られた財産の一部をそれを必要とする他人に還元することは、公正の観点からの要請として社会的責務の一部である[6]」ということが、また第2の点に関しては、「（生活個人責任の下）自立心を失ってはならないことは全く正当であるが、当人に全く責任のない社会経済的不運や構造的抑圧によってその生活を阻害されるときにまで自立を説くことは欺瞞である。この場合には、何らかの制度的救済はまさに自由の保全のためにこそ重要である[7]」といったことが指摘されている。その他にも、「全般的にリバタリアンが、福祉国家の再配分制度・政策をもっぱら自由を制約する側面からのみとらえ、それら（の制度・政策）が自律・選択としての自由を増強するために不可欠な側面を持っていることを無視しているところに、その致命的欠陥がある[8]」といった指摘もみられる。いずれにせよ、福祉の権利をめぐるリバタリアニズムの批判に対しては、それなりの応答が可能であると言えよう。ただし、批判に応えているだけでは、福祉の権利を必ずしも積極的に正当化したことにはならないことも確かである。そこで次に、福祉の権利の正当化を試みている議論について簡単にみておくことにしよう。

2 福祉の権利の正当化のための議論

福祉の権利や生存権などの社会的・経済的な権利を人権として正当化しようとする試みにはいろいろなものがある。まず、国際連合の「世界人権宣言」に

1つの典型をみいだせるのだが、社会的・経済的権利を人間の本性に基づいて正当化する議論である。世界人権宣言に思想的基礎を与えた1人とされているJ. マリタン（Maritain）は、人間はだれでも「尊厳性」をそなえており、これがあるが故に人間は人間的存在でありうるのであって、この本質を確保するのがヒューマン・ライツとしての人権なのであると論じている[9]。すなわち、「人間が、人間としての尊厳をもって生存すること」は、人間本性から要請されることなのであり、それを確保するための人権には、自由権のみではなく社会的・経済的権利もまた当然に求められることになるのである。人権宣言第22条の中で、すべて人は「自己の尊厳と自己の人格の自由な発展とに欠くことのできない経済的、社会的及び文化的権利の実現に対する権利を有する」との規定がみられるが、この規定などはこうした考え方を反映したものと見なすことができよう[10]。

ところで、このような、ある意味で自然権思想に由来する人間本性論の議論をベースにしつつ、さらに方法論的に精緻な議論を展開しているのがA. ゲワース（Gewirth）である[11]。ゲワースによれば、人間の特性は目標志向的な理性的行動作用にある。つまり、人間は目標志向的な存在であり、自分の目標を善きものとみなしている。人間はまた理性的存在であり、自分の目標を達成するための行動にとって必要な条件を必然的な善とみなしている。これらの善が自由と福利（well-being）である。したがってすべての人間は、自己の行動にとって必要な条件である自由と福利への権利を必然的に要求せざるを得ない。しかしこうして成立した権利は、当の行為者自身に限っての権利である。それはまだすべての行為者にとっての普遍的権利に至っていない。そしてそこで重要となるのが、人間の論理的判断の1つの重要な原理である普遍化可能性の原理である。この原理は、ある論理的な個体に一定の属性が備わっていると判断されるときにはそこに他の類似の個体にも類似の属性が備わっているという判断が、論理的に含まれている、というものである[12]。この原理に従えば、ある行為者が自己に自由と福利の権利があると判断するならば、彼は論理的に、他の行為者も同様の権利をもつということを認めているはずである。このとき、すべ

ての行為者は等しく自由と福利の権利を有するということになり、同様にすべての行為者は他の行為者の自由と福利の権利をも尊重する義務を負うことになる。ゲワースは、このような道徳原理は、個人の行動だけでなく政策・法・制度にも適用されるべきであり、国家はかかる人権を保護するために存在しているのだとする。そして、こうした道徳原理に基づく国家は、自由と福利への平等な権利を促進するダイナミックな「支援国家（supportive state）」であり、「権利の共同体（the community of rights）」である。この道徳原理によって、諸々の自由権だけでなく社会的・経済的権利や経済的民主制なども正当化され得るのだと論じている。

　福祉の権利などの社会権の正当化に関しては、平等主義的リベラリズムの理論もまた、有益な枠組みを提示している。例えば、J. ロールズ（Rawls）が『正義論』において展開している正義の2原理の中の1つである「格差原理（すなわち、社会でもっとも不遇な人の最大の便益となるように資源配分の是正が行われるべきであるとする原理）」などは、わが国においてもよく知られているところである。[13] ロールズの議論で特徴的なのは、正義に関するこれらの原理が、「原初状態（original position）における、無知のヴェールの下での社会契約」から導き出されている点である。すなわち、複数の利己的かつ合理的な個人が、自分たちが構成する社会のルールを導き出すための原理を、合議によって取り決めようとしている状況をまず想定する。その際、かかる正義の原理は、普遍的なものでなければならないから、無知のヴェールと呼ばれる仮定――各個人は、自らの属性（健康か病弱か、男性か女性か、金持ちか貧乏か等）について、一切の情報をもっていないという仮定――を置くことにする。この仮定の下では、自分はもしかしたら出生の時点から何らかの障害をもった個人であるかも知れないし、10歳の時点で両親と死別し生活上の苦境に立たされる個人であるかもしれないというリスクを、常に考えておく必要がある。したがって「無知のヴェール」の下での社会契約においては、人々は、出生の時点を含めて、どのような事故や障害等に対しても、相応な保障がなされているような制度を選びとるであろう。かくして、社会でもっとも不遇な人の最大の便益となるように資

源の再配分を行うという「格差原理」が、正義の原理として基礎づけられることになり、この原理の下、社会福祉や社会保障の正当化が、さらにはそのことを通じて福祉の権利の正当化が図られていくことになるのである。

またロールズと並んで、平等主義的リベラリズムの立場から、福祉の権利の正当化について積極的な議論を展開しているのが R. ドゥオーキン（Dworkin）である。よく知られているように、ドゥオーキンは、「平等な配慮と尊重を求める権利（the right to equal concern and respect）」という「平等への権利」をもっとも基本的な権利とする重層的な権利論を展開している。[14] ドゥオーキンによればこの権利は、立法に先立って存在する抽象的な道徳的権利であり、各人各様の善き生き方を尊重することを旨とするリベラリズムの核心だとされる。そして、この抽象的な平等権は、すべての人々を善き生き方について一定の考えを賢明に形成しそれに基づいて行動する自律的な道徳的人格として尊重し、一定の生活様式を個人に強制しないことだけでなく、すべての人々を苦痛や失望を同じように感じうる人間として扱い、各人が人間らしい自律的な生活を営みうる諸々の前提が実現されるように配慮することも、国家に対して要請するとする。このようにドゥオーキンの理論には、個人の生き方に対するたんなる中立性だけでなく、平等実現のための手だてを講じることを、国家に対する要請として最も根本的な権利において正当化しているという特徴があり、このことがドゥオーキンの理論をもって「福祉国家的リベラリズム」の典型とみなす理由の一端ともなっている。[15]

3　道徳的権利としての福祉の権利

ところで、人権とは何かが論じられる場合、それを道徳的権利として説明することがよくある。たとえば、「人権は、すべての人間が、無条件にかつ不可変的に等しく保持する基本的な重要性をもつ種類の道徳的権利である」（J. ファインバーグ　Feinberg）とか、「道徳上、すべての人間の間に普遍的に配分されるべきもののみが人権である」（ゲワース）とか、「人権とは、至上の重要性

をもち、万人が万人に対してすべての状況において保持し、ある地位ないし役割の持主としてではなく、ただ人間であるということにより所持される道徳的権利のことである」（クランストン）といった具合にである[16]。そして、こうした道徳的権利としての人権のうち、憲法などを通じて実定化されたものが法的権利としての人権であるということになる。こうした位置づけからするならば、福祉の権利に関して以上で述べてきたことは、基本的には道徳上の権利としての福祉権の基礎づけないし正当化に関連してのものであるということになろう。

　さてここでいま、道徳的権利と法的権利という分け方をしたわけだが、道徳的なレベルにおける人権と法的権利としての人権との関係を整理する上で参考となるのが、憲法学での次のような議論である。すなわち、「人権が『人間がただ人間であることにのみ基づいて当然に持っている権利』というものであるとするなら、人間存在の複雑多様さに応じて各種各様のものが各人によってそのような権利として主張される可能性がある。しかし、そのような『人権』が直ちにすべて憲法の保障する『基本的人権』となるのではなく、そのような『人権』のうち特定的な内実をもち、基本的重要性をもつに至ったと認められるとき、憲法典中に明記され、あるいは包括的基本権規定等を通じて憲法の保障する『法的権利』となるものと解される」。そしてその意味で、「道徳規範的に根拠づけられるかもしれない各種各様の『人権』は、『法的権利』の母体をなすものとして『背景的権利』[17]」として位置づけることができるというのである。換言すれば、「背景的権利」とは、それぞれの時代の人間存在にかかわる要請に応じて種々主張され、法的権利を生み出す母体として機能する一種の道徳的権利であり、そうした権利のうち実定法上の根拠をもつことになったものが、法的権利としての人権ということになるのである。

　ところで日本の場合、福祉の権利に関しては、憲法25条の生存権規定で実定法化されているわけであり、福祉の権利が法的権利であることは明白であるといえよう。その意味で、福祉の権利の道徳的権利としての中身の問題を特に論じるまでもなく、その法的権利性を構成しうる条件が備わっているともいえる[18]。しかし、ここで強調しておきたいことは、明文上の根拠規定があるとしても、

福祉の権利の道徳的権利としての側面を軽視してはならないという点である[19]。近時、福祉の権利の一環として重要性を増しつつある、自己決定権についても、憲法の個々の条文とのかかわりを示すということだけで済ますのではなく、その道徳的権利としての正当性にまでさかのぼって、議論をつめておくことが、自己決定権の内容をより豊かに、また強固なものにするためにも必要なことなのである。さらに、介護の社会化の傾向がますます今後強まることが予想される中、例えば、「要介護高齢者に対するサービスのいかなる部分が憲法の生存権——健康で文化的な最低限度の生活を営む権利——の内実をなすものとしてとらえるべきか」といった問題は、権利の問題としてみてもきわめて重要な意味をもってくるわけだが、現行の生存権に関する議論では金銭給付を念頭においているものが大部分で、この種の問題になかなか迫り得ないでいる。こうした状況になっていることについては、道徳的権利レベルでの議論が十分になされていないことが理由の一端になっていると言えるのではないだろうか。道徳的レベルでの人権論を内容豊かにすることは、法的権利としての人権にそれだけ広がりをもたせることができるのであり、最低限度の生活保障として対人的なサービス給付の問題に迫っていくためにも、こうした作業が極めて重要な意味をもっていると言えよう。

また、一般的効用（公益）によって創出された権利との違いを認識するためにも、道徳的権利の側面は軽視されるべきではない。一般に、憲法上の権利の中には、①道徳的権利に由来する生来の人権の一環として、社会全体の利益に反しても保障されねばならない部分と、②社会全体の利益を理由として保障されており、そのため、ときには同じ社会的利益の効果的実現のために、あるいはより重要な社会的利益のために制約されることになる部分とが含まれている、とされている。つまり、憲法上の権利には、個人の利益よりはむしろ社会全体の利益（公益、社会的効用）に着目して政策的に保障されているものもあるというのである（なお、このことは、憲法上の権利だけでなく法的権利一般にも当てはまる議論である[20]）。この点で福祉の権利の場合については、まずは道徳的権利に基礎づけられた生来の権利として位置づけられるべきであろう。ただし他方で、

社会福祉の施策には、人間としての個人の利益や福祉に着目して実施されているだけでは必ずしもないという側面があることにも留意しておく必要があろう。つまり、社会福祉には、個人の福祉や利益の保障という側面（したがって人間としての個人の権利の保障のためという側面）とは別に、社会全体の利益に着目して政策的に実施されている部分もみられるのである。その意味で福祉の権利というのは、権利に関する上記の①②の分類とのかかわりで言えば、基本的には生来の権利であるが、同時に、公益や社会的効用に着目して政策的に創設された権利という面もあわせ持っている、というのがより正確な捉え方と言えるかも知れない。ただし、公益や社会的効用に着目して実施される側面については、それが論理的には必ずしも常に権利という形態と結びつくわけではないという点も忘れてはならないであろう。例えば、戦前の救護法の公的救護義務の説明にみられる反射的利益論——公益目的から、市町村長に救護義務が課されているのであり、その結果貧民が利益を受けることがあっても、それは反射的利益にすぎないとするもの——などは、そのよい例である。もちろん憲法25条が存在している今日では、公益目的からのものであっても、単なる反射的利益としてではなく、権利として構成することは十分可能であるし、むしろ25条を前提にする限りそのように位置づけなければならないはずなのだが、しかしその場合であっても、その道徳的権利としての側面が後退し公益などの政策的観点だけが突出すると、結果として、権利といっても政策上の判断にきわめて左右されやすいものとなり、実質的には反射的利益と同じような内実しかもちえないということにもなりかねないのである。また、政策上の判断に左右されうる権利である場合、政策上の要請として大幅な福祉の削減が求められているときや、マイノリティーの利益が社会全体の利益の名の下に制約を受けるようなとき、歯止めとしての十分な役割を果たすことはできないということも考えられる。福祉の権利のように、公益や社会的効用に着目した要素を含む権利について検討する場合には、こうした側面の問題についても目を向けておくことが必要であろう。

4 法的権利概念の特徴について

1 具体的権利と抽象的権利

　前節では、福祉の権利が、日本国憲法の下、法的権利としての人権として位置づけられることを指摘した。しかし、ここで留意しておきたいことは、法的権利として位置づけることができるとは言っても、それはかなり一般的・抽象的なレベルにとどまっているという点である。

　一般に、法的権利は「具体的権利」と「抽象的権利」に分かれるとされている[22]。ここで具体的権利とは、「裁判所に対してその保護・救済を求め、法的強制措置の発動を請求しうる権利」のことであり、抽象的権利とはそのような具体的権利の裏付けを欠いた権利のことである。福祉の権利を憲法上体現していると考えられる25条の生存権の場合、同条を具体化する法律が存在しない限りは、25条を直接の根拠に裁判所に給付判決を求めることはできないというのが一般的な理解であり、その意味で人権としての生存権は「抽象的権利」のレベルにあるということになると言ってよかろう。また、生活保護法や児童福祉、老人福祉法などとして25条を具体化する法律が制定されている場合でも、具体的権利として制度化されている部分も確かにあるが（例えば、最低限度の生活水準を示す生活扶助基準などは、基準に違反すれば裁判所による救済がなされることがはっきりしている)、しかし多くの場面で、資源の有限性とか専門家の裁量といった外在的な要因の存在によって、司法救済の対象となりうるという意味での具体的権利となりきれていない状況がみられることは、周知のところであろう。こうした状況が、「福祉の場合には権利性が弱い」と、世上よく言わしめる原因ともなっているし、福祉の問題を法的権利の問題として論じることは困難であるし意味のないことなのではないかとの疑念さえ抱かせることにもつながっている。福祉の権利を擁護する観点から、こうした問題状況をどのようにとらえていけばよいのであろうか。この点を考えるにあたって、権利概念の特徴として論じられているいくつかの議論についてここで簡単に紹介しておくことが

有用かと考える。

2 一応の権利（prima facie rights）について

まず、権利の「一応性（prima facie）」という概念である[23]。一応性ということが意味しているのは、Xをなす、あるいはXを受ける権利は、XをなすことやXを受け取ることに対する正当性を常に構成する一方で、対立したり競合したりしたときは、より重要性の高い権利や道徳的な考慮に道を譲る状況があり得るかも知れない、というものである。すなわち、われわれの社会は複雑で、多くの不確定要素によって包囲されている。したがって権利の範囲、ウェイトなどについて定めることができても、それは一応のものとならざるを得ないところがある。また現実のコンテクストのなかで適用される場合には、調整される必要のある場合がある。人権の一応性は、人権の内容が確定的、固定的ではなく、現実のコンテクストに適用された場合、調整されることがあることを意味している、というのである。実際、具体的権利の典型ともいえる表現の自由などの自由権であっても、暴動の危険が明白で具体的な危険として存在するときは公共の秩序を維持するために制約を受けるであろうし、また私有財産（財産権）であっても正当な補償の下に公共のために制限することが許されていることを考えると、人権や権利というのは、現実には妥協の余地のない絶対的な権利であることはむしろまれなことであって、多く場合、程度の差はあるとしても、この種の一応性を持っていると言い得よう。しかしこのように人権を「一応のもの」と捉えることについては、人権をあまりにも弱いものにしてしまうものであり、とりわけより強い諸考慮によって制約される権利はそのような事情の下ではもはや権利でなくなるという誤った含みをもつことになるとして、同時に強い批判の対象とされていることもまた事実である。この点については、権利の構成部分として、「権利所持の条件（a right's conditions of possession）」、「権利の範囲（scope of a right）」および「権利の重さ（weight of a right）」を概念的に区別することで対応できるのではないかとする議論が参考になろう[24]。

3 権利の条件・範囲・重さ

　権利所持の条件とは、誰が権利を持ち、あるいは持ちうるかということを特定化しようとするものである。社会保障や社会福祉の給付を受けるための要件の問題（すなわち給付を受けるための資格の問題）などは、この権利所持の条件に関わる事柄ということになろう。なおこの権利の所持に関してはさらに、権利をもつための条件（the conditions for having a right）と、権利を実際に享受するための条件（the conditions in which one can enjoy or actualize a right）とを区別することも有用であるとの指摘もある[25]。例えば、参政権を人権として捉えた場合、その権利をもつための条件は「人間であること」であるが、その享受の条件は18歳なり、20歳なりの年齢に達することである、といった具合にである。こうした区別は、社会福祉や社会保障の論点の１つでもある「普遍主義」の問題を、権利の問題と関連させて理解する場合にも参考になるところがあるように思われる。普遍主義に関しては、次のような指摘、すなわち「社会保障は、国民のすべてを潜在的なリスクから防衛するものであり、国民すべてがそのためにいわば保険の掛け金を支払うが、実際に所得移転や現物給付を受けるのはリスクの発生した人だけである。リスクの防衛は誰に対しても普遍的に行われ、実際にリスクが発生すれば誰でも給付が受けられるという意味で、社会保障は常に普遍主義である。しかし給付の対象は常に選別主義的でなければならない」[26]といったことが、指摘されているわけだが、この点については権利をもつことと享受することを区別するということでより理解しやすいものとなるように思われるからである。

　次に権利の範囲とは、その権利がどんなものに対するものであり、いかなる状況においてのものであるのかを特定化しようとするものである。例えば、売買契約に基づいて品物を引き渡した権利保持者（売り主）は、品物の引き渡しの後60日以内に、自らに対して5000ドルの支払いを受ける権利を有するといったことが、権利の範囲によって特定化されるのである。また、権利の範囲では、普通であれば含まれると予期されるであろう事柄を除外する特例としての記述が含まれることが、しばしばある。たとえば、言論の自由に対する権利は、国

会の会期中の傍聴席からの発言に対する保護を含んでいないとするのならば、この除外は、権利の範囲の完全な記述の中で特定されているであろうし、あるいはそうした記述の結果として生じる事柄となるであろう、と説明されている。

　最後に、権利の重さである。権利の重さとは、他の規範との関係で、その序列や重要度を特定するものである。つまり、権利の重さは、対立や競合が生じているとき、その権利が他の考慮によって凌駕されるかどうかということに関係しているのである。そしてある権利を、他の権利などの規範との関係で「一応の権利」であるという場合、直接的にはこの権利の重さにかかわることなのであって、その範囲や所持条件に関してのことではないとするのである。たとえば、言論ないし出版の自由に対する権利が、暴動を惹起しようとする場合にそれを避けるために制約されるとして、そのことは、当該権利保持者がその権利を所持しなくなったということを含意するものではない。この場合、その人は、暴動を惹起しようとするときでさえ、言論ないし集会の自由に対する権利をもっているのだが、ただ、そのようなときには、公共の安全というような諸考慮によって制約されているにすぎないという言い方ができるというわけである[27]。もちろん、権利の内容を規定する要因は重さだけにあるのではなく、権利の条件や範囲といった他の構成部分がどうなっているかによっても大きく変わってくることは言うまでもない。ただ、このことを前提にした上で、ここで指摘しておきたいのは、他の規範との関係での序列や重要度が問題になるときには、基本的には権利の重さが問題となってくるのであり、権利の条件や範囲に関することが問題にされているわけではないということなのである。

　一般に法的権利に関しては、司法的救済の裏付けということが重視されてきたこともあって、権利の明確性や特定性――これらは司法救済の確実性と安定性を高めることにつながる――といったことが注目されることが多かった。しかし、これまでみてきた「権利の一応性」や「権利の条件・範囲・重さ」ということからみえてくることは、権利のすべてを明確性や特定性の有無でおさえていくことには無理があるのではないかということなのである。権利は、その構成部分がどれほど特定化されているかに従って、抽象的なものから特定的な

ものまで（一般的なものから詳細なものまで）様々なものがある。また、権利の不確実性（indeterminacy）というのは、その重さとの関係でも、範囲との関係でも、また所持の条件などとの関係でも生じうるものである。権利に関して困惑する事柄の１つは、そうした個々の構成部分がそれぞれ様々な程度の抽象度を伴って用いられるというところにあるのである。

さて、以上のような権利概念の特徴を理解するための枠組みを福祉の権利に適用したとき、どのようなことが言えるであろうか。

5　福祉の権利の具体化をめぐる問題

まず、福祉の権利には、程度の差は当然あるが、「権利の一応性」という問題が不可避的に関わってくるという点を確認しておく必要があろう。これは、福祉の権利が基本的に経済的・社会的資源の利用可能性に依存しているという点で、避けようのない事柄でもある。この場合、問題となる福祉の権利が他の権利などのライバルとの間でどの程度の優先度を有するかは、前述のとおりその「権利の重さ」次第ということになる。そしてこの重さを左右するのは、根本的には、道徳的権利のレベルでその権利に関していかなる内実が備わっているかという問題であると言えよう。その意味で、道徳的権利レベルでの福祉の権利の内容を豊かなものにしていく作業は極めて重要となる。なお、福祉の権利の場合、前述のごとく、公益や社会的効用から創設されている権利としての側面もあわせ持っている。このこととの絡みで、政策主体がその権利がかかわる政策や制度にどの程度の重きを置いているかということもまた、当然のことながら、権利の重みに一定の影響を及ぼすことになる。またさらに、福祉の権利の場合、権利の重さということが問題となる局面として、財政資源（予算）のラショニング（割り当て）という問題がかかわってくる場面も考えられる。[28]例えば、戦後の公的扶助（生活保護）制度の創設に際して、「困窮防止に必要な限り救済費の総額に制限をつけてはならない」という原則（必要充足の原則）[29]が基本原則の１つとして設定されたわけだが、これなどはそうした例の１つとし

て考えられる。つまり、最低生活保障に対するところの人権としての福祉の権利の重みが、そうした原則に表出したのだと考えられるからである。今日においても、財政資源の割り当てに関して、例えば、道路整備などの公共事業と福祉サービスのための人的物的整備のどちらに予算を割り当てるか、といった問題が日常的に生じているわけだが、この種の問題を検討するにあたって、それを権利の問題として——ただしその意味合いとしては、司法救済の対象となるという意味での権利の問題というよりは、政策決定を導く役割を果たす権利の問題ということになろうが——位置づけるという視点がもっと強く出てもよいように思われる。福祉の分野では「老人保健福祉計画」とか「介護保険事業計画」、あるいは「地域福祉計画」など、計画的手法がますます重きをなしてきているわけだが、そうした計画づくりにおいて、こうした視点から権利の問題を意識しておくことは大きな意味があるのではないかと考える。

　なお、こうした政策決定を導く役割を果たすという意味での権利については、その機能や効果をどのように担保できるかということが問題になってこよう。根本的には、上記の「必要充足の原則」の場合のように、当該問題に対する「福祉の権利の重み」をどれだけ構築できているかどうかにかかってくる問題なのだが、それに加えて、本書の第Ⅲ部で扱った手続的公正に関する視点も、この点では重要な意味をもってくるものと思われる。つまり、実体的な判断については、政策決定権限をもつ当局の裁量的な判断に委ねざるを得ない（したがってこのことに対する司法救済を求めることは基本的に期待できない）としても、決定に際して、考慮すべき事項については然るべく考慮したかとか、逆に考慮すべきではない事項について考慮するようなことはなかったか（いわゆる他事考慮の問題）などといった手続的公正の問題についてチェックを行うことは、政策決定者の適切な裁量権行使を尊重することと十分両立することだからである。同様に、手続的権利としての参加のシステムについても同じようなコントロール機能を期待できよう。

　次に、さきに権利の条件・範囲・重さについて言及した部分で、「権利のすべてを明確性や特定性の有無で押さえていくことには無理がある」という趣旨

のことを述べたが、しかしこのことは、そうした明確性や特定性が法的権利の機能（法的安定性とか第三者による予測可能性の確保など[30]）に資するものであること自体を否定するものではない。明確性や特定性の確保が可能であれば、むろんそれに越したことはないのである。権利の構成部分のうち、「重さ」に関しては、すでに述べたごとく、他の規範などとの関係で序列や重要度が決まるものでもあるため、どうしても相対的な判断が必要となり、結果として明確性や特定性で押さえきれないところが残りやすくなる。有限な社会的・経済的資源の利用可能性に依存している福祉の権利の場合、この点が特に強く現れると言える。しかしながら、権利を構成する部分の内でも、権利所持の条件や権利の範囲についてはその内容がかなり明確になっていることが多い。典型的には財産的な権利や自由権などがそうであるが、福祉の分野においても、例えば、公的介護保険の保険給付などはかなり高い水準の明確性や特定性が確保されている。また、生活保護行政など、基準化がすすんでいる分野も、権利の条件・範囲についての明確性や特定性は一定程度——例えば、生活扶助基準のようにそれに違反した場合は司法的な救済を一応期待できる程度には——確保されていると言えよう。

　しかし、一般的に言うならば社会福祉の分野の場合、福祉サービスを必要とする利用者の状況は決して一様ではなく、したがってそのニーズも非常に個別的かつ多様なものとなるため、権利所持の条件や権利の範囲についての明確化・特定化には自ずと制約があることは否定できない。特に、サービス内容にかかわる権利の範囲に関しては、ニーズの判定という専門家による判断行為（つまり基準化になじみにくい専門職による裁量行為）が介在することが多く、その意味からもその内容の明確化・特定化には一層難しいものがある。したがって問題は、こうした福祉の分野の事情を踏まえながらも、福祉の権利の法的権利としての機能を高めていくためにはどうすればよいかということである。この点については、本書の第2章や第3章などで論じておいた「基準化アプローチ」を中心にした方策で、一応の対応は可能ではないかと考えている。本書の中で既に論じておいたことではあるが、本章でこれまで検討してきた権利に関

する議論も踏まえつつ、ここで改めてまとめておくことにしたい。

　まず、権利内容の明確化や特定化ということで問題になってくるのは、権利所持の条件や範囲にかかわる事柄であり、したがって資源の有限性ということから生じる問題とは次元の異なる問題であることを、確認しておく必要がある。よく、福祉の権利は有限な資源に依拠する権利であることを理由に、その法的権利性が弱いという言い方がなされる。しかし資源の有限性の問題は、いわゆる「権利の重さ」が主として問題となる次元で論じるべき事柄であって、そのことをもって権利の条件や範囲といった問題を云々すること——例えば、資源の有限性ということを理由に権利の条件や範囲に関する法的権利の機能の弱さを論じること——は筋違いであるということなのである。

　次にその上で、権利所持の条件と権利の範囲の問題とを区別するということである。福祉サービスの場合、前者はサービスを受給するための「資格」の問題として、また後者はサービスの程度・内容の問題であるとして整理することができると考えられる。そのうち資格の問題については、その要件が法律や規則などによって具体的に示されているのが通例であり、しかも介護保険の要介護認定や保育所の入所要件の場合にみられるように基準化されていることも多く、したがって権利保持の条件についての権利関係は、かなりの程度で客観的・明確に定めることができると考えられるからである。

　このように資格の問題（権利保持の条件の問題）については、基準化などを通じて、その明確化・特定化の見通しをそれなりにもてるわけだが、他方、サービス内容の問題（権利の範囲の問題）については、前述のごとく、ニーズの個別性・多様性の問題や専門家の判断行為の必要性といったことから、内容の明確化・特定化は資格の問題に比べ容易ではないところがある。実際、基準化は、法律関係の明確化とそれによる裁量の恣意的行使の排除を通じて、権利性の明確化に資するところが大きいわけだが、他面で過度の厳格性や硬直性といった傾向をもち込むことになり、その結果、ニーズの充足にとって欠くことのできない個別性や柔軟性といった要素が排除されてしまうとか、専門家の知識や判断が重要な意味をもつ局面において、その専門的裁量の行使が不必要に圧迫さ

れてしまうなどといった問題が生じる可能性も出てくるからである。そこでこの問題については、とりあえず次のような対応が可能なのではないかと考える[31]。第1に、そのような状況の中でも、明細に基準化できる、あるいはすべきものを確定するという作業である。多様なニーズといえども、基本的で重要な需要については、規格化し範疇化していくことは十分可能であるはずであるからである（そうでなければナショナルミニマムとかシビルミニマムといった概念は成り立たないことになる）。上記の権利の資格の問題とあわせて、サービス内容の問題につきかように基準化できたものについては、エンタイトルメント——すなわち基準によって明確に定められた権利——の問題として取り扱われることになる。

　第2に、その上で緩やかな基準による枠組みを設定することである。確かにサービス内容などの問題では、明細な基準を設定し得ない部分が残らざるを得ないであろう。しかしその際留意しなければならないのは、「完全で詳細な基準の設定」か、さもなくば「基準の断念」かといった二者択一的な思考方法をとるべきではない、という点である。むしろこの種の問題については、基準のインクレメンタルな（漸進主義的な）具体化の仕方を探っていくべきなのであろう。ただし第3に、このように整理した上でも、専門家の知識や判断に依拠する部分の問題については、基本的には専門家集団の内部規律の問題として、基準化にはなじみにくい問題としてなお残っていくことになろう。ただしその場合であっても、専門性が安易に主張される傾向があるということ（むしろ福祉の分野では、内部規律の問題としてその優越性を主張できるほどに高度な専門性が発揮される場面というのはそれほど多くはないのではないだろうか）、そして真に高度の専門性が必要とされる問題であっても、ガイドラインとか倫理綱領というようなかたちで、ある程度の客観化は可能であろうということは、確認しておく必要があるかと思われる。なおこれらエンタイトルメントとして位置づけることが当面困難なものについては、厳格な権利として位置づけることだけを追い求めるのではなく、例えば前章で論じた「柔らかい権利」として制度化する可能性を探るなどといったこともまた試みられる必要があろう。

1) 福祉の権利に対する疑念や否定論については、R. Plant, N. Barry, *Citizenship and Rights in Thatcher's Britain : Two Views* (IEA Health and Welfare Unit, 1990) が比較的要領よくまとまった議論を展開している。
2) M. Cranston, "Human Rights, Real and Supposed", in *Political Theory and the Rights of Man*, edited by D. D. Raphael, pp. 43-45。なお河野正輝『社会福祉の権利構造』95頁参照。
3) C. Wellman, *Welfare Rights* (Rowman & Littlefield, 1982) p. 37。
4) なお、ウェルマンが、福祉給付の根拠や正当性について論じていないということではない。この種の問題については、別途論じられている。*Ibid.*, pp. 62-113, 149-182.
5) R. ノージック (嶋津格訳)『アナーキー・国家・ユートピア』(木鐸社、1992年)、Robert Norzick, *Anarchy State and Utopia* (Basic Books, 1974) なお、長谷川晃『権利・価値・共同体』(弘文堂、1991年) 173頁以下参照。
6) 長谷川・前掲書 (注5) 178頁。社会的共同性とは、例えばつぎような意味内容のことである。「成功者にとっては、自分の周囲の人間は別として、見知らぬ他人が自分の成功に何らかの貢献をしたなどとはほとんど考えることはできないかもしれないし、実際これらの他人が直接に成功者を援助したというわけでもないかもしれない。しかし、それにもかかわらず、彼らは、社会経済の網の目の内で間接的に成功に何らかの貢献をしているはずである。その中で特に困窮している人々が、成功者の周囲の人間に準じて、その成功の恩恵を受けてはならないわけではないであろう。それは個々人に課せられた社会的共同の道徳的責務の1つである」(同上178-179頁)。
7) 長谷川・前掲書 (注5) 180頁。
8) 田中成明「リバタリアニズムの正義論の魅力と限界」『法学論叢』138巻4・5・6号、1996年、116頁。
9) ジャック・マリタン著 (大塚市助訳)『人権と自然法』(エンデルレ書店、1948年)。奥平康弘 "ヒューマン・ライツ" 考 和田英夫教授古稀記念論集刊行会編『戦後憲法学の展開』(日本評論社、1988年) 127頁参照。
10) なお日本でも、下山瑛二『人権の歴史と展望』(法律文化社、1972年) が、人権問題の基準として、「①すべての人間は、人間として『生存』する権利を有する、②かかる人間は、社会的に、相互に『自覚的主体的人間』として認めあわなければならない、③したがって、『人間が人間として生きる権利』というのは、『生存権』を基盤とし、それとの関連で、自由権・財産権が確保されることを要求する権利である」(同書16頁) というシェーマを立て、人間本性ということから「生存権」の正当化を行っている。
11) A. Gewirth, *Reason and Morality* (University of Chicago Press, 1966); *The Community of Rights,* (University of Chicago Press, 1996)。なお、ゲワースに関するここでの説明は、深田三徳『現代人権論』(弘文堂、1999年) 166-167頁、および長谷川・前掲書 (注5) 79-81頁での解説を参照した。
12) 例えば、わかりやすい例でいうならば、「眼前にある一個の赤く輝く艶やかな球体の果実を見てそれはりんごであるという判断を我々が下すとき、そこでは論理的に、他の果実

でも赤く輝く艶やかな球体のものがあればそれは同じくりんごであるという判断をも同時に行っている」（長谷川・前掲書（注5）81頁）。

13) J. Rawls, *A Theory of Justice*, (Harvard University Press, 1971) 矢島鈞二監訳『正義論』（紀伊國屋書店、1979年）。社会保障や社会福祉の正当化と絡めてロールズの議論を紹介したものとして、広井良典『日本の社会保障』（岩波新書、1999年）がある。また、ロールズの理論の全体像については、川本隆史『ロールズ・正義の原理』（講談社、1997年）を参照。

14) R. Dworkin, *Taking Rights Seriously*, (Harvard University Press, 1977). 木下毅他訳『権利論』（1986年、木鐸社）。「平等な配慮と尊重を求める権利」については、*Ibid.*, pp. 180-183（邦訳書238-241頁）、pp. 272-278（邦訳書ではこの部分が属する章は割愛されている）で言及されている。なおドウォーキンの議論に関して本文で紹介しているものについては、主として田中成明『法の考え方と用い方』（大蔵省印刷局、1990年）164-174頁の解説を参考にした。

15) なお、ドウォーキンの平等権の考え方は、人々の選好の全般的な充足をめざす平等観とは一線を画す、より基本的な平等の指針だとされている。この点については、長谷川・前掲書（注5）が以下のように解説している。「平等にとって重要なのは、個々人の活動を全く自由放任の下に置くことでもなければ、逆にその活動に必要な素材となるすべての資源を分配することでもない。各人が自己の企図する生のために活用できる一切の資源は、一定の社会的適正量において等しく分配されねばならない。換言すれば、それは、各人の生の実現や発展に関する機会費用を個々人相互の間において均等化する形で分配されねばならない。もちろん、この平等の下では、様々な資源を利用する際の個人の創意工夫とその成果、あるいは個々人の間での一定の競争やその結果は、各人にとっての生の具体的な展開として自由に委ねられる。しかし、その半面では、生来や生後の身体的、精神的あるいは社会的なハンディキャップの存在や、特別の事情による目標の不達成、あるいは社会的な好条件や極めてすぐれた才能の保有から生ずる大きな所得格差などに関しては、資源の補塡がなされたり資源の利用が制約されたりする。資源の平等は、各自の生の追求の可能性に関して、外的もしくは偶然的な事情によって欠けている資源を全面的に補塡する一方で、各自の特殊な個人的嗜好（特別の高価な嗜好など・引用者）に由来する資源の必要に対しては特別の分配をしないのである」（101-102頁）。

16) 樋口陽一・佐藤幸治・中村睦男・浦部法穂『注釈日本国憲法・上』（青林書院新社、1984年）226頁参照。なお、ここでは道徳的権利という言葉を、「何らかの法的もしくは制度的準則（rules）に先立って、もしくはそのような準則から独立に、存在するとされるすべての権利に用いられるもの」（J. Feinberg, *Social Philosophy*, Prentice-Hall, 1973, p. 85）というような意味で用いている。

17) 樋口陽一・佐藤幸治・中村睦男・浦部法穂・前掲書（注16）191頁。

18) この点、アメリカなどの人権としての福祉の権利の憲法上の根拠をもたない国との大きな違いである。アメリカの場合、明文の根拠規定がない分、いわゆる「背景的権利」からの「法的権利」化をめざし、道徳的権利としての福祉権をより内容豊かなものにしてい

くことに努める必要があったのである。福祉権の正当化に関して、ある意味で日本以上に活発に議論されてきた理由の1つでもあるといえよう。
19) 同じ趣旨の指摘をするものとして菊地馨実「『社会保障の権利』論（2完）」『北大法学論集』47巻2号（1996年）がある。「確かにアメリカには、我が国の憲法25条1項にあたるような明文の実体規定が存在せず、それを具体化した一般的包括的公的扶助プログラムも存在しない。……しかしながら、ここで強調すべきは、一定の社会保障制度の発展・充実の基盤として、必ずしも単なる憲法上の明文規定の存在自体が決定的に重要なわけではないということである。……さらに我が国のように憲法上の明文規定が存在するとしても、それを自明のものとして正当化しうるのか、当該規定に具体的にどのような規範的意味を見出すことが可能か、などを常に問いかけていくことが当然に求められているのである」（687頁）。
20) 戸波江二・松井茂紀・安念潤司・長谷部恭男『憲法(2)・人権』（有斐閣、1992年）14頁参照。
21) 「近代社會の實狀に鑑みるときは貧民の救護を以て、國家共同團體の任意に委ぬること能はざるは明瞭なり。依って本法は救護義務を市町村長に負荷せしめたるものにして本法に該當する者は市町村長之を救護すべき義務を有す。然れども之を以て直ちに貧民に救護を受くる権利を附與したるものと謂ふを得ず。即ち本法該當者は市町村長が救護義務を負う結果救護を受くべき地位に在るに過ぎざるものと謂ふべし」（『救護法に関する質疑応答集』、中央社会事業協会、1932年、16頁）。
22) 田中成明『現代法理論』（有斐閣、1984年）130頁参照。
23) 権利の一応性については、P. Jones "Rights, Welfare and Stigma" in Noel Timms ed., *Social Welfare: Why and How*（Routledge & Kegan Paul, 1980）pp. 130-134; Rex Martin & James Nickel, *Recent Work on the Concept of Rights*, 17 *American Philosophical Quarterly*, 165（1980）, p. 173、および、樋口陽一・佐藤幸治・中村睦男・浦部法穂・前掲書（注16）234頁、深田・前掲書（注11）115頁などを参照。
24) 「権利所持の条件」、「権利の範囲」および「権利の重さ」に関する議論については、J. Nickel, *Making Sense of Human Rights*（University of Chicago Press）1987, pp. 13-15; R. Martin & J. Nickel, *op. cit.*,（注23）pp. 173-174、および、樋口陽一・佐藤幸治・中村睦男・浦部法穂・前掲書（注16）234-235頁などを参照。
25) Martin & Nickel, *op. cit.*,（注23）p. 176. および深田三徳・前掲書（注11）111頁参照。
26) 塩野谷祐一「社会保障と道徳原理」『季刊社会保障研究』32巻4号（1997年）430頁。
27) 樋口陽一・佐藤幸治・中村睦男・浦部法穂・前掲書（注16）235頁。
28) ラショニングの問題については、本書第6章参照。
29) 「困窮ヲ防止スルニ総額ノ範囲内ニオイテ与エラレル救済ノ総額ニ何等ノ制限ヲ設ケザルコト」昭和21年GHQ覚書（SCAPIN775）
30) 「法的権利の社会的機能としては、まず、一定の利益や要求が法的権利として公的に承認されることによって、各人が正当に主張できる利益や要求の内容について、明確性と特定性、さらには安定性と確実性が高まる。そのため、当事者たちだけでなく第三者も、法

的権利の存否・内容に関して相当程度の予測可能性をもち、間主観的な判定を行うことが可能となる。また、権利概念には、普遍化可能な一般ルールによる類型的な取り扱いを要求したり、社会全体の集合的利益とか経済的効率などに対する優先的地位の承認を求めたりする内在的性質がみられる。逆に言えばこのような取り扱いをしたり地位を認めたりしにくい利益や要求は、法的権利として制度的に保護・承認されることが難しいということでもある」田中成明『現代日本法の構図・増補版』（悠々社、1992年）112-113頁。

31）　本書第2章第4節参照。

あとがき

　本書は、社会福祉の政策と権利の問題について、これまで積み重ねてきた研究を中心にしてまとめたものである。本書の各章の元になっている論稿の初出誌等は、後掲の初出一覧に示したとおりである。
　「はしがき」の中でも述べたことだが、社会福祉における権利の問題というのは、社会的に広がりのあるテーマであり、法解釈の問題であると同時に、現実の福祉政策との対応関係や現実の福祉問題に対する認識を抜きに論じることのできない問題である。その意味でこうしたテーマは、法律学以外の分野との学問的交流ということが不可欠な問題でもある。この点で、私はこれまでとても恵まれた環境で過ごすことができたのではないかとあらためて感じている。
　まず大学院の院生そして助手として過ごした東京都立大学の法学部では、法律学の世界に身をおいて福祉や社会保障の問題に携わった。福祉や社会保障の問題に法的にアプローチするという自分なりの立脚点をこの時期にみい出すことができたように思う。その後の茨城大学では、人文学部という複合学部で10年あまりを過ごした。私の所属した人文学部の社会科学科は、法律学、経済学、社会学といった複数の学問分野が同居する学科で、そうした中で社会保障や福祉の問題を、法律学だけではなく経済学や社会学の観点から論じるという環境にも接することができた。さらに現在は、東洋大学の社会学部社会福祉学科という社会福祉を教育・研究の対象とする環境の中で過ごしている。
　福祉の権利のような「社会福祉学と法律学との接点」に位置する問題を研究する者にとって、以上のように、法学を専門とする環境、法学だけでなく経済学や社会学なども含めた学際的な環境、さらに社会福祉を専門とする環境とそれぞれに身を置くことができたことは、研究を進める上でとても大きな意味があったと思っている。もちろん、こうした環境は、人という存在があってこそのことである。その意味で、都立大学時代の先生方や共に学んだ院生の人たち、

また茨城大学、東洋大学における同僚の先生方や学生・院生たちには、感謝の言葉もない。

さて、本書が形をなすについては、多くの方たちからの援助を受けている。とくに、福祉の法と権利の問題を研究テーマにするにあたって、下山瑛二先生（東京都立大学名誉教授）からは、さまざまな形での助言や指導をいただいた。言い尽くせないほどの学恩に、ここであらためて感謝申し上げたい。また私が現在勤務している東洋大学の社会福祉学科の同僚の先生方からは、社会福祉に関する様々な知的刺激をいつも提供してもらっている。福祉の問題を、常日頃から議論できるこうした環境がなければ、本書をこのような形でまとめることはできなかっただろう。

法律文化社の小西英央氏には、本書の企画の段階からお世話になった。原稿の完成を辛抱強く待ってくださったこととあわせてあらためて感謝の意を表したい。また校正の段階からは、法律文化社の舟木和久氏にもお世話になった。ていねいで親切な編集作業をしていただいたことにお礼申し上げたい。

最後に、仕事を理由に家での役割を十分果たせずにいる私を、いつも温かく見守ってくれている妻と2人の子どもたちに感謝の気持ちを込めて、本書の結びとしたい。

　　　2006年12月　白山の研究室にて

　　　　　　　　　　　　　　　　　　　　　　　　　　　　秋元美世

初 出 一 覧

Ⅰ 福祉の権利と裁量―理論的検討―

第1章 福祉の権利と裁量
「福祉の権利と行政裁量：法的対応の意義と課題をめぐって」小林三衛先生退官記念論文集『現代財産権論』（敬文堂、1988年）の第1節を大幅に加筆のうえ修正。

第2章 権利保障のためのフレームワーク―福祉行政と裁量統制論―

1節・2節
　「福祉の権利と行政裁量：法的対応の意義と課題をめぐって」小林三衛先生退官記念論文集『現代財産権論』（敬文堂、1988年）の第2節を加筆のうえ修正。
3節
　「福祉行政における権利と裁量」大山博他編著『社会政策と社会行政』（法律文化社、1991年）の第4節を加筆のうえ修正。
4節
　「福祉の権利と社会福祉行政：裁量問題を中心にして」日本社会保障法学会学会誌『社会保障法』（第6号、1991年）を一部修正。

補論 福祉権運動後の福祉権理論の動向―アメリカにおける福祉受給権と福祉裁判―
「アメリカにおける福祉受給権と福祉裁判の動向」『季刊社会保障研究』第27巻2号、1991年に表現上の手直しを加えた。

Ⅱ 措置から契約へ―新しい利用手続と公的責任―

第3章 福祉サービスの新しい利用手続―契約化と基準化アプローチ―
「福祉サービスの利用者と福祉の権利」日本社会保障法学会『社会福祉サービス法』講座　社会保障法第3巻（法律文化社、2001年）の一部を削除の上、加筆・修正。

第4章 保育所措置制度の見直しをめぐって
「保育制度改革と児童福祉法の改正」『法律時報』第69巻8号、1997年に若干の表現上の手直しをした。

第5章　社会福祉「基礎構造改革」と公的責任―行政責任の問題をめぐって―
「社会福祉の「基礎構造改革」と公的責任」『総合社会福祉研究』第19号、2001年に若干の表現上の手直しをした。

Ⅲ　裁量の手続的統制―手続的公正と参加―

第6章　福祉サービスの給付過程と手続的公正
「福祉行政の給付過程と手続的公正」『茨城大学政経学会雑誌』第65号、1996年を加筆・修正。

第7章　社会福祉と行政手続法
「福祉行政と行政手続法」『児童福祉法研究』第6号、1995年の一部を削除のうえ、加筆修正を施す。

第8章　社会福祉と参加
「福祉行政における利用者参加とその制度的保障」社会保障研究所編『社会福祉における市民参加』(東京大学出版会、1996年)の一部を削除の上、大幅に加筆・修正を施す。

Ⅳ　社会福祉と権利―権利保障の可能性―

第9章　コミュニティケア憲章と新しい権利保障概念
　　　　―「柔らかい権利」としての福祉の権利―
「コミュニティーケア憲章と新しい権利保障概念―ギャランティー概念をめぐって」大山博他編著『福祉国家への視座―揺らぎから再構築へ』(ミネルヴァ書房、2000年)に加筆・修正を施し、表現上の手直しを行う。

第10章　社会福祉と権利の理論
「社会福祉と権利」古川孝順他編著『現代社会福祉の焦点』(中央法規、2003年)の一部を削除のうえ、加筆・修正を施す。

索　引

あ　行

アーンスタイン, S.　155
アカウンタビリティー　100
朝日訴訟　102
新しい財産権論　7
アドボカシー　154
一応の権利　196
インフォームド・コンセント　70
ウェルマン, C.　186
エンタイトルメント　4
　　──論　9
エンパワーメント　154
応答的責任　94
恩　恵　4
オンブズマン　29, 60

か　行

介護保険　53
　　──の利用手続　55
ガリガン, D. J.　18
官僚主義　149
基準化　17, 62
基礎構造改革　53, 90
基本給付（基準給付）　20
キャンベル, T.　23
救護法　74
救貧法　115
行政裁量　4
行政責任の構造　94
行政手続法　136
キング対スミス判決　36
苦情処理　71
　　──手続　144
具体的権利　195
クランストン, M.　185
クロフト, S.　150

ケアマネジメント　57, 146
「契約型」のアプローチ　157
ゲワース, A.　189
権限踰越　25
権　利
　　──関係　62
　　──の条件・範囲・重さ　197
　　──の存在　19
　　──の内容　19
　　──擁護　71
権力関係　148
公　益　193
公的責任　78, 90
公平の原則　115
合理的な判断過程を（経ることを）求める権利
　　22, 29
告知と聴聞　116
個人責任　104
コミュニティケア憲章　164

さ　行

サービスにおけるラショニング　133
財政におけるラショニング　133
裁　量　5
　　──基準　29
　　──的権利　23
　　──的判断　119, 125
　　──の制度的統制　125
　　──のタイプ　23
参　加　146
　　──の階梯　155
支援費支給方式　56
資格要件　119
資源の有限性　113
自助責任　105
自然的正義　17, 114
実体的正当性　64

市民憲章　165
市民的権利　5
社会的権利　5
社会的効用　193
社会保障法（米）　33
シャプリオ対トンプソン判決　37
受裁的責任　94
シュバイカー対チリキー事件　41
需　要　63
順番待ち　119
消極的権利　39
消極論　185
条件整備責任　96
消費者主義的アプローチ　150
食料切符制度　40
職権主義　59, 60
自立支援給付方式　57
人　権　192
申　請　141
　──権　86
スカーマン, L.　3
スティグマ　118
スペラー, E.　35
生活個人責任　188
請求権　86
制裁的責任　94
政治行政権力　148
政治的権利　5
生存権　195
世界人権宣言　188
積極的権利　39
説明責任　100
セルフ・アドボカシー　154
専　門
　──家権力　148
　──家主義　63
　──主義　149
先例拘束　25
ソーシン, M.R.　10
措　置
　──から契約へ　53
　──請求権　87

──制度　53
──費　77
ソフト・ロー　177

た　行

待機者リスト　123
対審構造　27
代弁機能の活用　144
他事考慮の禁止　115, 121
ダンドリッジ対ウィリアムズ判決　38
抽象的権利　195
抽　選　119
長期ケア憲章　167
提供責任　96
ティトマス, R.M.　3
デービス, K.C.　12, 17
適用除外　137
デシャニー対ウィネベーゴ郡社会サービス局事
　件　43
手続的公正　114
手続的正当性　64
デュー・プロセス　17, 114
ドウォーキン, R.　191
道徳的権利　191
特　権　34
　──理論　8

な　行

ニーズ（ニード）　6, 63
ニュー・プロパティー　7, 8
任務的責任　94, 95
ノージック, R.　187

は　行

ハード・ロー　177
バイアスの排除　116
背景的権利　192
バイノー, I.　173
バリュー・フォー・マネー　166
反射的利益　87, 164
必要な裁量　19
ヒューマン・ライツ　189

費用徴収　119
平等な取り扱いの原則　115
平等な配慮と尊重を求める権利　191
ファインバーグ，J.　191
付加給付（裁量給付）　20
福　祉
　　──権運動　7,14
　　──国家　4,105
　　──社会　105
　　──ニーズの多様性　28
　　──の権利　4,185
　　──の権利の否定論　185
　　──の措置と行政手続　140
服従責任　94
普遍主義　197
ベレスフォード，P.　150
弁明的責任　94
保育所
　　──措置制度　76
　　──入所　86
　　──の基準表　126
　　──の利用手続　54
保育問題検討会　53
　　──報告書　76
保育料　84
法的権利　192
法の支配　5
保護の実施　82

ま　行

マーシャル，T.H.　5
マネージリアル・フォーマリズム・モデル
　　39
マリタン，J.　189
民主主義的アプローチ　150
モラリズム　6

や　行

柔らかい権利（ソフト・ライツ）　178
優先順位　114
　　──決定基準の設定　125
　　──の決定　71
要保障性　62

ら　行

ライク，C.A.　7
ラショニング　112,133
リーガリズム　3
　　──的アプローチ　12
リバタリアニズム　187
リング対インターナショナルユニオンUWA
　　事件　39
倫理綱領　30
レンキスト，W.H.　39
レンキスト・コート　39,46
連邦社会保障法　33
老人保健福祉計画　146
ローゼンブラット，R.　39
ロールズ，J.　190
ロブソン，W.A.　104

わ　行

割り当て　112

著者紹介

秋元美世（あきもと　みよ）

1954年，東京都生まれ
1985年，東京都立大学大学院社会科学研究科基礎法学専攻博士課程修了。同年東京都立大学法学部助手。その後，茨城大学人文学部社会科学科専任講師，助教授を経て，1997年に同教授。1998年，東洋大学社会学部社会福祉学科教授（現在に至る）。博士（社会福祉学）。

主要著作
『講座　社会保障法　第3巻　社会福祉サービス法』（共著）法律文化社，2001年
『ソーシャルワーカーのための法学』（共編著）有斐閣，2002年
『現代社会福祉の争点（上）（下）』（共編著）中央法規出版，2003年
『児童青少年保護をめぐる法と政策：イギリスの史的展開を踏まえて』（単著）中央法規出版，2004年
『福祉契約と利用者の権利擁護』（共編著）日本加除出版，2006年

2007年1月31日　初版第1刷発行

福祉政策と権利保障
―社会福祉学と法律学との接点―

著　者　秋元美世
発行者　岡村　勉

発行所　株式会社　法律文化社
〒603-8053 京都市北区上賀茂岩ヶ垣内町71
TEL 075(791)7131　FAX 075(721)8400
URL:http://www.hou-bun.co.jp/

© 2007 Miyo Akimoto Printed in Japan
印刷：共同印刷工業㈱／製本：藤沢製本所
装幀　前田俊平
ISBN978-4-589-02996-6

武川正吾著 地域福祉の主流化 ―福祉国家と市民社会Ⅲ― 四六判・224頁・2415円	社会福祉法成立（2000年）により位置づけられた，地域が基軸となって社会福祉を推進していく状況を「地域福祉の主流化」ととらえ，その背景や概念をさぐる。総合化と住民参加の理念をもとに地域福祉計画の具体策を示す。
訓覇法子著 アプローチとしての 　　福祉社会システム論 Ａ５判・320頁・2940円	社会システムに立脚した福祉社会システムと福祉生産・供給システムをひとつの枠組みとして，国際的視点から先進諸国の社会政策とその効果，福祉の組織化，現代のポスト福祉国家議論を体系的に展開。
大山　博・武川正吾編 社会政策と社会行政 ―新たな福祉の理論の展開をめざして― 四六判・278頁・2415円	イギリスの社会政策・社会行政論の研究成果から，「社会政策」「社会福祉」の概念をめぐる日本との相違点を明らかにすることによって，相互にどのように補っていけるかを課題とし，新しい「福祉」の理論化を試みる。
佐藤　進・河野正輝編 介　護　保　険　法 ―法案に対する新たな提案― Ａ５判・312頁・3465円	安心できる老後保障の実現と，「権利」としての介護保障の確立をめざし，新たな提案を行なう。現行の介護保険法を検討するとともに，医療保険や老人保健との関連性を洗い直し，21世紀を迎えて「あるべき介護法制」を考える。
日本社会保障法学会編 講座　社会保障法〔全６巻〕 Ａ５判・約330頁・3780〜4095円	これからの人権保障にふさわしい社会保障制度のあり方を考える。第１巻 21世紀の社会保障法／第２巻 所得保障法／第３巻 社会福祉サービス法／第４巻 医療保障法・介護保障法／第５巻 住居保障法・公的扶助法／第６巻 社会保障法の関連領域

――――法律文化社――――

表示価格は定価（税込価格）です